[英] 温斯顿 · 丘吉尔一著　　李国庆等一译

CHURCHILL'S MEMOIRS OF WORLD WAR II

丘吉尔二战回忆录

孤军奋战

SPM 南方传媒 | 广东人民出版社

·广州·

图书在版编目（CIP）数据

孤军奋战 /（英）温斯顿 · 丘吉尔著 ; 李国庆等译.
广州 : 广东人民出版社 , 2024. 8. --（丘吉尔二战回忆录）. -- ISBN 978-7-218-17964-3

Ⅰ. K835.617=5 ; K152

中国国家版本馆 CIP 数据核字第 2024JC4475 号

QIUJI'ER ERZHAN HUIYILU · GUJUN FENZHAN

丘吉尔二战回忆录 · 孤军奋战

［英］温斯顿 · 丘吉尔 著　李国庆等 译

出 版 人：肖风华

责任编辑：范先鋆　陈泽洪
责任技编：吴彦斌
封面设计：贾　莹

出版发行：广东人民出版社
地　　址：广州市越秀区大沙头四马路 10 号（邮政编码：510199）
电　　话：（020）85716809（总编室）
传　　真：（020）83289585
网　　址：http://www.gdpph.com
印　　刷：三河市人民印务有限公司
开　　本：787 毫米 × 1092 毫米　1/16
印　　张：11.5　　**字　　数**：169 千
版　　次：2024 年 8 月第 1 版
印　　次：2024 年 8 月第 1 次印刷
定　　价：58.00 元

如发现印装质量问题，影响阅读，请与出版社（020-87712513）联系调换。
售书热线：（020）87717307

《丘吉尔二战回忆录》 译者

（排名不分先后）

李国庆	张　跃	栾伟霞	曾钰婷	刘锡赟	张　妮
李楠楠	汤雪梅	赵荣琛	宋燕青	赖宝滢	张建秀
夏伟凡	王　婷	江　霞	王秋瑶	郑丹铭	姜嘉颖
郭燕青	胡京华	梁　楹	刘婷玉	邓辉敏	李丽枚
郭轶凡	郭伊芸	韩　意	李丹丹	晋丹星	周园园
王瑨珽					

战争时：　意志坚定

战败时：　顽强不屈

胜利时：　宽容敦厚

和平时：　友好亲善

致 谢

在此，我必须再一次向协助我完成第一卷书①的人表示感谢，他们是：陆军中将亨利·波纳尔爵士、艾伦海军准将、迪金上校、爱德华·马什爵士、丹尼斯·凯利先生和伍德先生。我也要感谢很多帮忙审阅原稿并给出意见的人。

伊斯梅勋爵和我的朋友也一直在帮助我。

我还要感谢英王陛下政府准许我复制那些官方文件，按照法律，这些文件的王家版权归英王陛下政府文书局局长所有。为了安全起见，我谨遵英王陛下政府的要求，将本卷②出现的一些电报进行了改写，但这并未改变其语气和本质。

---

① 原卷名为“铁血风暴”，现分为《愚行与危机》《进逼与绥靖》《从蚕食到大战》《晦暗的战局》以及《欧陆沦陷》第一章。——编者注

② 原卷名为“最光辉的时刻”，现分为《欧陆沦陷》《坚决抗争》《孤军奋战》《纵横捭阖》以及《海陆鏖战》前两章。——编者注

前　言

在本卷（《欧陆沦陷》《坚决抗争》《孤军奋战》《纵横捭阖》，以及《海陆鏖战》前两章）所涉及时期内，我肩负着重任。我身为首相，同时兼任第一财政大臣、国防大臣和下议院议长。起初的四十天里，我们是孤独的。当时，德国大胜；意大利向我们发动致命一击；日本于我们而言又是潜在的未知威胁。然而，英国战时内阁在议会、政府、英联邦和帝国的支持下，坚定不移地效忠于英王陛下并出色地完成了各项任务，最终战胜了我们所有的敌人。

温斯顿·丘吉尔

于肯特郡，韦斯特勒姆，恰特韦尔庄园

1949 年 1 月 1 日

目录
CONTENTS

第一章
ONE
不列颠之战

决定性的战斗——希特勒进退维谷——德国进攻的三个阶段——“海狮”作战计划及空袭——敌机袭击泰恩河地区——“亨克尔”式轰炸机的狂轰滥炸——比弗布鲁克勋爵的荣耀时刻——首次空袭伦敦——空战司令部的指挥受到威胁——9月15日的巅峰之战——视察第十一战斗机大队——希特勒推迟“海狮”作战计划

我们深知，如今只有赢得制空权才能让我们摆脱失败的命运。德国人也已经意识到要想成功入侵不列颠，他们就必须获得英吉利海峡以及我国南部沿海预设登陆点的制空权，否则在英国的空中打击下，德国根本无法建设登陆行动所用的港口、集结运输船只、进行航道扫雷工作以及布设新雷区。因为只有完全掌握相关航道和登陆海岸的制空权，德国才能安然渡过英吉利海峡，并在预定地点登陆，这是登陆行动的先决条件。所以德国能否赢得不列颠之战，关键在于能否完全摧毁英国皇家空军以及伦敦与海岸之间的机场。据我们所知，希特勒在7月31日曾对海军上将雷德尔说：“如果八天的激烈空战之后，我国空军仍然未能重创敌人的空军、港口和海军的话，登陆英国的作战行动便只能推迟到1941年5月了。”对话中提及的八天激烈空战正是当前我们要打的这场战争。

对于接下来的这场较量，我未曾感到丝毫畏惧。1940年6月4日，我曾对议会说：“荣耀一时的法国陆军，仅在几千辆装甲车的冲击下，就已溃不成军，一败涂地。难道我们会重蹈他们的覆辙吗？我相信只要我们的数千名空军将士充分发挥自己的技术和经验，万众一心，势必能守卫人类文明的崇高事业。”我也曾在6月9日告诉史末资元帅：

“摆在我们面前的出路只有一条，那就是让希特勒放马过来，然后在交锋中摧毁他的空军力量。”如今，这个时机已经到来了。

众所周知，不列颠之战中英德两国空军进行了多次较量，在多部优秀作品中均有记载。大家所熟知的 1941 年和 1943 年主要事件，在空军上将道丁的函电以及空军部第 156 号小册子中都有详细的介绍。通过这些战争实录，我们也看到了德军最高统帅部当时的一些想法以及他们在战斗的各个阶段内部的反应。而且从中可以看出，德国人在某些主要战斗中的损失远比我们当时所估计的要少得多，双方的官方报告显然都夸大了对方的损失。但是这场关乎英国存亡和世界自由的著名战争，在主要特色和实际历程方面却是无可争议的。

法兰西战役，德国空军倾巢而出，精疲力竭。因此，和经历了挪威战役的德国海军一样，它也需要几个星期或几个月的休整。其实，这段间歇对我们而言，也十分有利。因为我们所有的战斗机中队，除三个中队以外，均先后参加过欧洲大陆的战斗。希特勒万万没想到，法国溃败以后，不列颠仍然拒绝接受和平建议。他和贝当元帅、魏刚以及许多其他法国将军和政治家一样，不仅无法理解一个岛国独具的资源优势，而且低估了我们的意志力。自慕尼黑阴谋之后，在战争的道路上，我们虽长途跋涉，历尽艰辛，但也收获颇丰。6 月间，希特勒逐渐看清新的局势，德国空军也恢复了战斗力，并重新部署了新任务。不言而喻，新任务即是希特勒必须进攻并征服英国，否则他将要面临一场旷日持久的战争，以及由此产生的难以预测的危险与困难。德国在空战中取得胜利并使英国停止抵抗始终是有可能实现的。至于对英国停止抵抗后的实际侵犯，即使切实可行，也大可不必，因为没有必要去彻底征服一个已经战败的国家。

从 6 月到 7 月初，德国空军恢复了战斗力，并进行了重新整编，部署在法国和比利时的所有机场，准备随时进行突袭。此外，通过事先侦察和试探性袭击，德国对将要遇到的抵抗强度与规模进行了预测。事实上，德军首次猛攻是在 7 月 10 日，因此人们也通常把这一天作为空战开始的日子。另外两个关键日期分别是同年的 8 月 15 日和 9 月 15

日。德国的进攻分为彼此衔接而又相互重叠的三个阶段。第一阶段：从7月10日到8月18日，德军不仅对位于英吉利海峡的护航舰队进行骚扰，还突袭了从多佛尔到普利茅斯之间的南部港口，意图试探我国空军实力，并诱其出战，将之消耗殆尽；与此同时，那些被设立为入侵目标的沿海城镇，也被一并破坏。第二阶段：从8月24日到9月27日，德军意欲通过持续猛烈地轰炸，消灭皇家空军及相关作战设施，进而长驱直入，直取伦敦。而首都与海岸之间的联系，亦可借此切断。但是在戈林司令看来，他有充分的理由相信，这样做还可以收获更大的成效，那就是让伦敦——这个世界上最大的城市陷入混乱和瘫痪，使英国政府和人民感到恐慌，从而屈从于德国的摆布。德国的如意算盘打得很好，无论海军还是陆军都一心希望结果如戈林所料。但是随着战争的发展，他们非但没能消灭皇家空军，而且为了毁灭伦敦，甚至对迫切需要执行的“海狮”计划也无暇顾及。于是，由于缺少最重要的制空权，入侵英国的计划只得无限期推迟。在失望中，战事进入了第三阶段，即最后一个阶段。德国在昼间空战中获得胜利的希望已然幻灭，我国皇家空军却依然士气高涨，令他们头痛不已。戈林恼羞成怒，于是自10月份起，他便不分青红皂白地对伦敦以及各工业生产中心实施狂轰滥炸。

*　　*　　*

就战斗机质量而言，英德双方不分伯仲。德国战斗机的速度较快，爬升迅速；我国的战斗机则较为灵活，武器装备更强。作为征服了波兰、挪威、荷兰、比利时、卢森堡以及法兰西天空的胜利者，德国飞行员对其数量优势了然于心；而我国飞行员引以为傲的，是个人无可比拟的信心，以及面临极端困境时，不列颠民族坚定不移的决心。德国深知自身所拥有的战略优势至关重要，并懂得巧妙地加以利用：他们把空军部署在各个国家，分布极广，由此可以集中强大的力量，利用佯攻、声东击西，展开突袭。但是，与在法国和比利时曾遭遇的恶

劣环境相比，德军在海峡上空遇到了更为激烈的反击。起初德军可能低估了在海峡上空作战和飞越海峡作战的危险。当意识到问题的严重性时，他们试图展开有效的海上救援。在7月和8月，每当空战爆发，几架涂有红十字标志的德国运输机就会出现在海峡上空，力图营救那些被我方击落的飞行员，并期待他们能重新加入战斗，继续轰炸我们的平民，对此我们决不允许。因此只要可能，我们就亲自去打捞这些落入水中的德国飞行员，让他们成为我们的战俘。根据战时内阁的命令，德国的救护机不是迫降就是被我军击毁。这使救护机上的德国飞行员和医生感到震惊，他们提出抗议，声称这种行为违反了《日内瓦公约》。我们的回应是：《日内瓦公约》从未提及过此类特殊情况，而且公约签订时，也未曾预料到会发生这种形式的战争。只要是有利于自己，德国人便会毫不在乎地违反所有的条约、战时法规和庄严的协定，因此他们根本没有资格抱怨。很快，德军放弃了对其飞行员的营救，因而我们启用小型船只，负责双方飞行员的海上救护工作。然而，德国人一旦发现营救船只，就会向他们开火。

*　　*　　*

截至8月，德国空军共集结了作战飞机两千六百六十九架，其中俯冲轰炸机三百四十六架，战斗机九百三十三架，重型战斗机三百七十五架，以及其他轰炸机一千零一十五架。8月5日，希特勒下达第17号元首指令：通过空战全面进攻英国。然而，戈林从未将“海狮”计划放在眼里，而是一门心思集中在“绝对”空战上。他后来对作战计划的胡乱更改，使德国海军参谋部大惑不解。德国海军参谋部认为，摧毁皇家空军和飞机工业，只不过是达到目的——打败英国——的一种手段。因此，这一任务完成后，空战便应转向攻击我国的军舰和船舶。对于戈林把海军的目标排在次要位置，他们深感遗憾，也为“海狮”计划的一再拖延而感到苦恼。8月6日，他们向最高统帅部报告：由于英国空军的不断威胁，在英吉利海峡敷设水雷的准备工作难以推

进。8 月 10 日，海军参谋部的作战日记写道：

> 由于天气恶劣，空军停止活动，“海狮”作战计划的各项准备，尤其是水雷的敷设工作深受影响。海军参谋部不知其原因，但空军的确已经错过了近期有利天气所提供的良机……

7 月和 8 月初，英德双方在肯特海角和海峡沿岸的上空，接连不断地展开了激烈的空战。戈林和他专业的顾问团认为，这场南部空战必然已经引诱了我军所有的战斗机中队出动，因此他们决定对瓦士湾①以北的各工业城市进行一次昼间轰炸。由于德国的一流战斗机——“Me—109”式战斗机航程太短，远不能满足作战需求，德军只得冒险选用“Me—110”式战斗机来掩护轰炸机。这种战斗机虽然航程合适，但是性能较差，而目前决定成败的正是性能。尽管如此，他们仍然认为这不失为明智之举，值得冒险一试。

于是，在四十架“Me—110”式战斗机掩护下，大约一百架德国轰炸机在 8 月 15 日对泰恩河地区进行了轰炸。由于误以为我国空军当时齐聚南部，德军不惜出动了八百多架飞机进行突袭，以牵制南部兵力。然而，道丁上将早已料到这种危险，他对战斗机部队部署的正确性也在此得以充分显现。事实上，七个“旋风”式或“喷火”式战斗机中队早已撤离南方激烈的战场，他们在暂时休整的同时，还承担了保卫北方的任务。这些战机虽已遭受重创，飞行员却依然不愿离开战场，他们还谦恭地表示自己一点儿也不累。现在，他们遇到了没有料到的好事。当入侵的敌机飞过北部海岸时，这些战斗机中队恰好有条件给它们迎头痛击。三十架德国飞机被击落，其中大部分是中型轰炸机（“亨克尔 111”式，每架飞机上有四名训练有素的士兵），而我方只有两名飞行员受伤。至于空军上将道丁，值得高度赞赏的是他在空

① 英格兰东岸北海海湾，位于林肯郡和诺福克郡之间。——译者注

战指挥方面的远见卓识，而更令人叹服的，是他的审慎行事和对敌军强大力量的精确估计。在南方，你死我活的战斗持续了数周。在此期间，道丁上将竟然在北方成功保留了一支战斗机部队。他的为将之道应看作是通晓战争艺术的典范。从此以后，没有一流的战斗机护航，德国再也不敢进行昼间轰炸了。自那时起，瓦士湾以北地区在白天都平安无事。

8 月 15 日的空战，是不列颠之战期间德军对英国发动的一场最大规模的空战；在长达五百英里的战线上，共进行了五次重要战斗。这的确是至关重要的一天。在南方，我们所有的二十二个战斗机中队全部出动，许多中队一天出击两次，有的甚至出击三次；连同北方的损失在内，德方共损失飞机七十六架，而我方是三十四架。这无疑是德国空军的一次惨败。

德国的空军将领们在统计这次失败的结果时，必定是痛心疾首，因为这次惨败预示了德军的厄运。但德国空军仍然把集结着无数码头和船舶的伦敦港作为他们的袭击目标，因为不需任何精确度，就可对伦敦这个世界上最大的城市进行轰炸打击。

*　　*　　*

接下来的几个星期，战斗非常激烈，令人十分担忧，我们必须不惜任何代价用性能可靠的飞机来补充各个战斗机中队。和平时期官僚主义习气和推三阻四的作风，如今已不合时宜，应当舍弃。在此过程中，比弗布鲁克勋爵做出了杰出贡献。他那些卓越的品质恰恰为当前所需：性格乐观，精力充沛，富有感染力等。我很高兴能时常得到他的帮助，他办事十分可靠，从未令人失望过。如今正是他可以大显身手之时。他本人不仅能力非凡、才华横溢，而且循循善诱、足智多谋，一举扫清了战争道路上的许多障碍。在他的领导下，生产线上的所有物资源源不断地运往前线，新的或是已修复的飞机也陆续送达各战斗机中队，其数量之多更是前所未有，令飞行员喜出望外。作战设施的维护及修理工作也在紧锣密鼓地进行。在此过程中，比弗布鲁克所发挥的重要作用是如此令人印象深刻，因而在获得国王的批准后，我于8月2日邀他加入战时内阁。他的长子——战斗机驾驶员马克斯·艾特肯，已经打了六次胜仗，同样立下了赫赫战功。

这个时期，另一位与我朝夕相处的是劳工与兵役部大臣欧内斯特·贝文，他主要负责管理和动员全国人力的工作。所有军火工厂的工人都愿意听从他的指示。同年10月，他也加入了战时内阁。在他的领导下，工会会员们不仅放弃了曾经的财富、地位、权利与财产，如今更是抛弃了之前缓慢成形并谨慎维护的制度与特权。在战争进入白热化的那几周里，我与比弗布鲁克和贝文两人相处得十分融洽。只可惜比弗布鲁克和贝文后来起了争执，摩擦不断。尽管如此，在这紧要的关头，我们依然是同舟共济。而对于张伯伦先生的忠诚以及内阁所有同僚表现出的坚定与高效，再多的称赞都不为过。我谨在此向他们致敬。

* * *

我急切地需要对德国的损失作一个精准的估计。虽然我们的飞行员做事严谨且认真负责，但由于经常在高空作战，他们很难确切知道自己究竟击落了多少架敌机。或者，同一架敌机有很多人声称是自己击落的，导致数据重复不够精确。

首相致伊斯梅将军：

比弗布鲁克勋爵告诉我，在周四的战斗中，我军战场上共发现击落的敌机八十多架。是这样吗？如果不是，那究竟是多少？

我曾问过空战总司令，他能否有效区分陆地上空的战斗和海面上空的战斗，因为这个方法可以帮我们确认需报多少战果。

1940年8月17日

首相致空军参谋长：

当我们一心关注空战的战果时，轰炸机司令部所遭受的严重损失却也不容忽视。截至目前，轰炸机司令部共损失飞机二十八架：包括昨晚的七架重型轰炸机，以及今天的二十一架普通飞机，其中大部分被击毁在坦米尔机场。外加二十二架战斗机，我们今天的飞机损失已达五十架。但相比德军损失的七十五架飞机而言，我方的损失就显得不是十分令人悲观了。这一天，我们和德军的实际损失比是二比三。

请及时向我汇报那些地面上被击毁飞机的类型。

1940 年 8 月 17 日

首相致空军大臣：

当务之急是要击落敌机，赢得战斗。其实，对于我方正在赢得战争的这一事实以及相关战果统计数据的真实性，美国记者及其大众并不十分相信。因此，只要我军能直接击退德军的空袭，他们很快就会意识到这些数据的真实性。战斗仍在持续进行，我军空战司令部必须不断进行调整、做出决策，才能应对来势汹汹的德国空军。美国人说风凉话没什么意义，只能令人深表遗憾。坦白来讲，我更倾向于用事实来说话。我认为，把新闻记者带到空军中队，以期他们能向美国公众力证英国空军并未吹嘘或谎报数据，这样做毫无必要，且着实引人反感，我们应该沉着冷静地应对才对。

根据飞机生产部的报告，在周四的战斗中，我方仅在陆地上找到的被击落的德机不少于八十架。这对我军来说，是个大好消息。为加以核实，我当天特地做了调查，写了另外的报告，现在请你查阅。老实说，我对美国人的怀疑有点不耐烦了。击落德机八十架的事实是最有力的回答。

1940 年 8 月 21 日

* * *

到8月20日，我能够向议会这样报告：

> 虽然敌军在数量上远超我们，但是在新飞机的产量上他们已被我军大幅度反超。更何况，美国的飞机支援也才刚刚开始。经过这几场战斗之后，我军轰炸机和战斗机的实力增强。因此，我们有信心能够将空战继续打下去，只要敌人愿意，打多久我们都奉陪。事实上，空战持续时间越久，我们就能越迅速地与敌军在空中打成平手，进而在实力上反超他们。可以说，战争的胜负绝大程度上取决于空战的结果。

直到8月底，戈林对空战一直都很有信心。他和顾问团坚信，经过这几次战斗，英国的地面设施、飞机工业以及皇家空军的战斗力已遭到了他们的严重破坏。据他们估计，自8月8日起，英国共损失飞机一千一百一十五架，而德国只损失了四百六十七架。由此可见，对于战果，双方当然都会乐观估计，而德军的虚报也是为了他们的领导人着想。9月份天气晴朗，对空战十分有利，德国空军希望能取得决定性战果。于是，伦敦周围的机场设施首先遭受了猛烈袭击。6日夜间，六十八架飞机空袭伦敦；紧接着，德国又在7日出动三百架飞机进行了第一次大规模空袭。接下来的几天里，首都上空激战不断，我们的高射炮①使用量整整增加了一倍。由于过多估计了我方损失，德国空军依然满怀信心。但是现在我们知道真相并非如此，德国人当时对其自身利益和职责深感担忧。德国海军参谋部在9月10日的战争日记里写道：

① 高射炮是从地面对空中目标射击的火炮，主要用于攻击飞机、直升机和其他飞行器等。——译者注

> 迄今为止，还未有任何迹象表明我们赢得了英格兰南部和海峡地区的空战，而这一点对局势的进一步判断至关重要。我方的初期空袭的确卓有成效：英国战斗机队的防御能力遭到严重削弱，使得我国战斗机在与英国交战时优势明显。然而……海军参谋部向最高统帅部指出，掌握海峡地区的绝对制空权和消灭集结在德国海军及辅助船只上空的英国空军，是继续进攻的必要前提。然而，这一前提条件，我们仍未实现。如果空军能够减少对伦敦的袭击，加强对朴次茅斯和多佛尔及附近军港的攻击，可能会更符合“海狮”作战计划的预定步骤……

然而此时，希特勒却听信了戈林的话，认为对伦敦的空袭才是战争的关键，并且具有决定性意义，对此海军参谋部不敢向最高统帅部申诉，却又一直惴惴不安。于是，在 12 日他们得出了以下悲观的结论：

> 这次空战是以“绝对空战”的形式展开，既没有满足当前海上作战的需求，也超出作战计划的范围。从当时的战事看，空战对于“海狮”作战计划的准备工作毫无益处。更糟糕的是，我国空军从未将英国皇家海军放在眼里，致使如今他们在英吉利海峡中几乎畅行无阻，这对我国的渡海运输来讲，无疑是危险至极的。因此，正如我们一再向最高统帅部解释的那样，敷设水雷区是防御英国皇家海军的主要方法，但并非掩护航运的可靠手段。事实上，就目前而言，激烈的空战无助于“海狮”计划的实施。因此，无论是从作战方面还是军事方面来看，其可行性都还有待商榷。

* * *

9 月 11 日，我在广播中向大家描述了当时的场景：

每当天气适宜，在战斗机的掩护下，一批批德国轰炸机，每次往往是三四百架，开始涌向英国，尤其是肯特海角，企图在白天对军事目标及其他目标进行袭击。但是，敌机几乎总会遭到我国战斗机中队的迎头痛击，惨败而归。他们的损失与我方的损失相比，平均飞机损失是三比一，飞行员是六比一。

德国为赢得英格兰昼间制空权所做的努力，是整个战争的关键所在。显然，到目前为止，德国并未如愿，而且为此付出了天大的代价，而我们却因此变得更加强大，实力远比7月份激战刚开始的时候要强得多。无须怀疑的是，希特勒先生正在飞速地消耗他的战斗机部队。这样的情况再持续几周，德国至关重要的空军力量就会消耗殆尽，甚至完全毁灭。这对我们十分有利。

另一方面，在没有掌握制空权的情况下入侵英国，对希特勒来讲，是一种非常冒险的举动。尽管如此，他大规模的入侵准备工作还在持续推进：几百艘自航驳船正沿着欧洲海岸南下，从德国和荷兰的港口驶向法国北部的港口，从敦刻尔克到布雷斯特，越过布雷斯特到比斯开湾的法国港口，随时待命。

此外，法国战败后，德国在其沿海地区新建了炮台。几十支商船护航队在新炮台的掩护下，小心翼翼地辗转于各个港口，最终经由多佛尔海峡到达英吉利海峡。从德国的汉堡到法国的布雷斯特，包括德国、荷兰、比利时以及法国的各个港口，均已集结了为数可观的船舶。最后，德军还做了其他准备，打算从挪威的港口运送一支入侵部队。

鳞次栉比的舰艇与驳船背后，是数量庞大的德国军队。他们时刻待命，准备登船，开启一次危险至极且毫无把握的渡海航行。我们无从得知他们何时会来，甚至不确定他们是否会来。但是任何人都无法忽视的事实是：德国正在有条不

紊地进行着周密的准备，将向英国发动全面入侵，甚至当下可能已经单独对英格兰、苏格兰或者爱尔兰，又或是同时对这三个岛发起了进攻。

倘若德国真的试图入侵，那应该不会拖延太久。天气随时可能变糟，而且那些集结的船只也很难无限期地等在那里。因为他们不仅每晚都会遭受我方轰炸机的轰炸，也时常被港口外待命的战舰炮击。

因此，我们必须把下一周前后看作英国历史上的一个极其重要的时期。它与当年西班牙无敌舰队逼近英吉利海峡时，德雷克①快要打完一场木球的时候不相上下，也可以和纳尔逊在布洛涅②为我们抵挡拿破仑大军的危急时刻相提并论。所有这些，我们都已在历史书上读过；但当前正在进行的这场战斗，其规模之大，对未来的人类生活及世界文明的影响之深，都远非过去那些勇敢的日子所能比拟的。

*　　*　　*

从 8 月 24 日到 9 月 6 日，德国战斗机部队出师不利。在这些生死攸关的日子里，德国人不断对英格兰南部和东南部的机场发动大规模空袭。他们迫不及待地进攻伦敦，以期摧毁我方战斗机的昼间防御能力。但是，对我们而言，保证这些机场正常运转，战斗机能顺利从机场起飞，远比保卫伦敦免遭恐怖轰炸更重要。在英德两国空军这场你死我活的战斗中，这是一个至关重要的时期。对于这场战斗，我们所关注的不是保卫伦敦或其他任何地方，而是谁会成为这场空战的最终

---

① 弗朗西斯·德雷克（1545—1596），伊丽莎白时代的航海家，海军将领，曾进行了两次环球航行。1588 年成为海军中将，成功击退了西班牙国王腓力普组织的无敌舰队。——译者注

② 法国西北部港口城市，拿破仑在此集结了大批陆军和平底船，准备横渡海峡进攻英国。——译者注

赢家。当时驻扎在斯坦莫尔的空战司令部，尤其是驻扎在阿克斯布里奇的第十一战斗机大队的指挥部，十分焦灼不安，因为该大队的五个前沿机场和六个战区机场都遭到了严重破坏。地处肯特海岸的曼斯顿机场和利姆机场甚至接连几天不能供战斗机使用。地处伦敦以南的比金山战区机场的战况也异常惨烈，整整一周只能供一个战斗机中队正常运转。如果敌人持续对其邻近的战区机场发动猛烈攻击，破坏机场的作战指挥系统，切断机场之间的通讯联系，那么可能会导致空战司令部整个精细复杂的体系土崩瓦解。这不仅意味着伦敦将遭受摧残，也代表着我们将失去这一关键地区的绝对制空权。正如你在本套书第六册附录的备忘录中看到的，那时，有人带我参观了其中的几个战区机场，特别是曼斯顿机场（在 1940 年 8 月 28 日）和距离我的住所不远的比金山机场。它们简直被炸得乱七八糟，跑道上到处是弹坑，的确无法使用。因此，1940 年 9 月 7 日，当空战司令部觉察到德国的空袭目标已转向伦敦时，断定敌人已经改变计划，这才如释重负。不过，戈林的确应当坚持轰炸我们的机场，因为当时我国整个空军的战斗力完全依赖于这些机场之间的组织和配合。在这场战斗中，他不仅抛弃了战争的基本准则，更背叛了一直以来为大家所公认的人道主义原则，最终犯下了这个愚蠢至极的错误。

在这个阶段（即自 8 月 24 日至 9 月 6 日），整个空战司令部损失惨重。两周的时间里，共有一百零三名飞行员牺牲，一百二十八名飞行员受重伤，四百六十六架“喷火”式和“旋风”式战斗机被击毁或严重受损。两周前，我军共有飞行员一千余人，如今竟损失了近四分之一。为填补空缺，空战司令部只得从各训练单位抽调二百六十名新手。他们满腔热忱，但经验不足，很多人甚至还未学完全部的飞行课程。9 月 7 日以后，德国空军连续十天向伦敦发起夜间突袭，码头和铁路枢纽纷纷被炸，许多居民被炸死或炸伤。但实际上，夜间突袭恰好给了我们一个可以在白天稍作喘息的机会，而这正是当时我们所迫切需要的。

这段时间，我通常每星期会抽出两个下午，到肯特或苏塞克斯这

些遭受空袭的地方，亲眼看看究竟发生了什么。为此，我一般会乘坐我的专车，专车上的设施非常完备，不仅设有床和浴盆，还有办公室、电话以及一些严谨高效的工作人员。在车上我可以小憩一下，也可以一直办公，唐宁街官邸的设备，这辆车上几乎全都有。

*　　*　　*

我们应当把 9 月 15 日看作不列颠之战的高潮。继 14 日的两次猛烈空袭后，德国空军于 15 日再次集中最强火力对伦敦进行昼间空袭。

这是一次决定性的战斗，而且与滑铁卢之战一样，也是在星期天。那天我刚好在契克斯①。此前，为了亲眼观摩空战指挥现场，我曾去过几次第十一战斗机大队的指挥部，但那几次什么事情都没发生。不过，今天的天气似乎对敌人有利，出于担心，我便驱车前往阿克斯布里奇，再次来到大队指挥部。第十一战斗机大队管辖的战斗机中队有二十五个之多，负责的地区包括艾塞克斯、肯特、苏塞克斯、汉普郡以及所有经过这些地方通往伦敦的道路。其命运关乎整个战争的走向。如今，空军少将帕克负责指挥这个战斗机大队已有六个月。自敦刻尔克大撤退之后，所有英格兰南部的昼间战斗皆由他指挥，因为他对战争的部署近乎完美，而且总能将所有的装备发挥到极致。在工作人员的引领下，我和妻子来到了距离地面五十英尺的地下防弹指挥室。这是战前在道丁上将的建议和监督之下，由空军部一手设计并建造而成的。倘若没有这种地下指挥中心和电话通信系统，“旋风”式和“喷火”式战斗机的优越性能将无法发挥。这些不朽的功绩应归于全体相关人员。当时，驻扎在英格兰南部的是第二战斗机大队的指挥部及其附属的六个战斗机指挥中心。正如前文所提到的，它们都身负重任。虽然位于斯坦莫尔的空战司令部代表最高统帅部行使职权，但是它明智地将战斗机中队的实际指挥权转交给第十一战斗机大队，而该大队

① 契克斯，位于英格兰白金汉郡，是英国首相的私人乡间别墅。——译者注

又通过在各郡驻扎的战斗机指挥中心控制各个中队。

大队作战指挥室宛若一座小剧院，共两层，长宽约六十英尺。我们坐在楼上的特别包厢，在我们的下方是一张大型地图展示台，展示台的周围大概有二十名训练有素的年轻军官以及他们的电话助手。在我们对面，原本应当悬挂剧院帷幕的墙壁被一块巨型黑板覆盖。黑板共分为六个装有指示灯的纵格，分别代表六个战斗机指挥中心，这些指挥中心的每个战斗机中队都有自己的小格，格子之间用横线划开。这样，从下往上数，第一排指示灯亮起时，表示这些中队“随时待命”，命令下达的两分钟内就可以起飞；第二排指示灯亮起时，表示这些中队“准备就绪”，五分钟内可以起飞；第三排指示灯亮起表示“正在准备”，二十分钟内可以起飞；第四排指示灯亮起则表示“已经起飞”；再往上一排指示灯亮起表示这些中队“已经发现敌机”；第六排，即那些红色指示灯亮起表示这些中队“正在战斗”；而顶排的指示灯亮起则表示他们“正在返航”。在我们的左手边，是一个玻璃包厢，有四五名军官负责分析、判断我方从对空监视员收到的情报。而此时此刻，负责我方对空监视工作的男女老少共计五万多人。当时雷达的使用尚处于初期阶段，但每当敌机靠近我国海岸时，它便可以及时发出警报。而敌机飞临我国领空的各种情报，则主要由那些携带着望远镜和报话机的对空监视员提供。因此，每场战斗中，指挥部都要收到好几千份情报。事实上，在这个地下指挥部的其他地方，有多个包厢里挤满了经验丰富的人，他们迅速地将收到的情报加以甄别，并随时将结果传给楼下展示台周围的绘图员以及玻璃包厢内负责指挥的军官。

在我们的右手边，是陆军军官的玻璃包厢，这里主要负责报告我军高射炮部队的作战情况。当时，隶属空战司令部高射炮部队的军官有二百名。在夜间，对于高射炮部队极其重要的一点是：绝对不能向我军战斗机与敌机近身缠斗的那些空域开炮。对于这个指挥系统的大致轮廓，我并非一无所知。在此战爆发的前一年，我到斯坦莫尔拜访过道丁上将，那时他曾向我一一讲解过。这个指挥系统在不断的作战

中成形并不断完善，如今各部门相互配合，形成了最完备的、世界上独一无二的作战机器。

当我们一起走下楼时，帕克说道：“我不知道今天会发生什么状况，目前还平静无事。”然而一刻钟以后，绘图员开始来回走动。据报告，“四十多架”敌机正从迪埃普地区的德军机场飞来。各个中队“随时待命”，第一排指示灯随之亮起。“二十多架”“四十多架”的信号也随后传来。显然，一场激烈的空战在十分钟之内就会打响，敌我双方的飞机正陆续布满整个天空。

信号接连传来：“四十多架”“六十多架”，有一次甚至是“八十多架”。我们下方的那张展示台上，坐标每分钟都根据敌机飞行的不同路线来移动，标明所有入侵敌机的行动；在我们对面的黑板上，接连亮起的指示灯表明：除了处于“准备就绪”的四五个中队，我军其他战斗机中队均已顺利升空。这一次至关重要的空战，从第一次交战开始算起，持续了才不过一个小时。因此，敌人有充足的兵力再次发动几波进攻。而我军的战斗机中队，由于全力抢占高空，必须在七十或八十分钟后补充燃料，或者在作战五分钟后降落以补充弹药。如果在战斗机补充燃料或弹药之际，敌人发动新一波进攻，届时我军将无法阻挡。有些战斗机可能会在地面被直接击毁。因此，指挥战斗机中队作战时，首先要注意的重要事项就是，昼间作战时，绝对不能让多架飞机同时在地面补充燃料或弹药。

不久后，红灯亮起，这表明我军大部分战斗机中队已经加入战斗。楼下忙碌的绘图员正根据瞬息万变的战况来回推动坐标圆盘，以展现当前的局势。紧张的气氛让人不得不压低嗓门小声讲话。空军少将帕克下达了他对战斗机部队的总指示，并由楼上特别包厢中的一位年轻军官将其转化成详细的命令，传达给各战斗机中队。其实，那天我刚好坐在这位年轻军官身旁，但我真正知道他的名字是在几年之后。他名叫威洛比·德·布鲁克。（再次见面是在 1947 年，当时我受赛马俱乐部邀请观看德比赛马会，而他恰好是俱乐部的一名主管。对于我还记得当时的情景，他感到十分惊奇。）此时，他正根据地图展示台上出

现的最新情报，命令个别中队起飞巡逻。帕克本人则在其身后踱来踱去，警惕地观察这场战斗的每一个动态，并时刻监督这位年轻的执行军官是否做得正确。他只是偶尔下达一些决定性的指令，无非是对某个受到威胁的地区进行增援。转眼间，我军第十一战斗机大队所有的战斗机中队均已投入战斗，有些甚至已经开始飞回补充燃料了。下面一排指示灯熄灭了，这意味着留作后备的中队，一个也没剩，所有的战斗机都在空中作战。就在这时，帕克打电话给驻扎在斯坦莫尔的道丁上将，要求从第十二战斗机大队抽调三个中队暂时由他指挥，以防战斗机中队正在补充弹药或燃料时，敌人再次发动大规模袭击。道丁立刻应允。当时特别需要这三个中队来保护伦敦以及我军的战斗机机场，因为第十一大队早已竭尽全力。

那位年轻的军官继续根据大队司令官的总指示发布命令，例行公事一般，声音平静低沉，没有任何起伏。三个增援的中队也很快加入了战斗。帕克依然站那位年轻军官的背后，而我却渐渐察觉到他的不安。到目前为止，我一直是默默地观战，于是此时我开口向他询问："我们还有其他后备中队吗？""一个也没有。"帕克回答道。他在事后所写的一篇文章中曾这样描述：我听到这句话时"表情凝重"。这确实很有可能。如果我军飞机在地面上补充燃料时，再一次受到"四十多架"或"五十多架"敌机袭击，我们的损失将会多么惨重！这种情况发生的概率如此之大，而我们的胜算非常之小，真是危险至极！

五分钟之后，我军大部分中队都已飞回地面补充燃料。而我军力量有限，时常无法给予它们空中掩护。后来，地图展示台上的坐标圆盘不断移动，表明德国轰炸机和战斗机正不断地向东飞行。也就是说，敌机飞回去了，而且没有发动新的袭击！又过了十分钟，战斗就结束了。我们登上楼梯，重返地面，刚一走出来，"解除警报"的信号便响起了。

"首相，您能亲自观看这场空战，我们感到十分高兴。"帕克说道，"当然，最后二十分钟，情报来得过于猛烈，致使我们应接不暇。由此您也可以看出我们当前战斗力的局限性，事实上，今天的战斗所

需已远远超出其极限。”我问他们是否已经接到相关的战果报告，并表示这次击退敌人进攻的空战打得非常好。帕克回答说，我军截击的敌机不如他所希望的那样多，因此结果他并不满意。敌机显然多处突破了我们的防线。据报告，当时大批的德国轰炸机及其护航战斗机进入了伦敦上空，其中有十多架敌机被成功击落。但当时我在地下室，无法准确了解战果、破坏或损失的相关情况。

下午 4 时 30 分我才回到契克斯，然后就立刻上床睡午觉。由于观摩了第十一战斗机大队的整个作战过程，我感到筋疲力尽，所以一觉睡到晚上 8 点钟。当我按铃的时候，我的私人秘书约翰·马丁推门而入，拿着世界各地的晚间消息向我汇报。全是坏消息：不是这里出了差错，就是那里误了时机；或是说某某的答复不能令人满意，又或是大西洋有多艘船只被击沉。“但是，”马丁在结束他的汇报时特别补充道，“这一切都由空战补偿了。我军共击落敌机一百八十三架，而损失还不到四十架。”

* * *

虽然战后的资料表明敌人在那天的损失仅为五十六架，但 9 月 15 日仍不失为不列颠之战的关键日。当天晚上，我军的轰炸机部队大规模地袭击了从法国布洛涅到比利时安特卫普的各港口的船舶，其中安特卫普遭受的损失最为严重。就目前所知，希特勒于 1940 年 9 月 17 日决定无限期地推迟“海狮”作战计划；直到同年 10 月 12 日才明确表示：正式把入侵计划推迟到第二年春天。等到 1941 年 7 月，希特勒又再度把它推迟到了 1942 年春天，因为在希特勒看来，“到那时对苏战争应该已经结束了”。这是一个美妙但徒劳的幻想。1942 年 2 月 13 日，德国海军上将雷德尔为“海狮”作战计划最后一次谒见希特勒，并成功说服他将整个计划完全“搁置”。“海狮”作战计划就此夭折，9 月 15 日可以看作是它的断命日。

* * *

对于这几次延期，德国海军参谋部举双手赞成，延期甚至也是他们怂恿的。对此，他们陆军将领们也毫无异议。17 日，我向议会提到：“德军为确保万无一失而日复一日地等待，迟早会让士兵们厌倦。星期日的战斗，其成绩之辉煌，战果之丰硕，为皇家空军战斗机部队历次战斗之最……我们或许应冷静等待这一长期空战的最终结果，但信心会越来越足。”美国战争计划司副司长、美国军事代表团团长斯特朗准将是一名公正的观察员。近期他被派驻伦敦观察英德空战的结果，并于 19 日返回纽约。据他汇报：德国空军对皇家空军的损伤并不严重，空中轰炸所造成的军事破坏也相对较小，事实上，英军所公布的德军飞机损失数量“倾向于保守”。

然而英德空战胜负未定，伦敦上空的战斗仍在继续。入侵计划虽已取消，但直到 9 月 27 日，戈林才最终放弃以空战定输赢的想法。10 月，德国虽依旧全力攻击伦敦，但也时常对许多其他地区昼夜不停地发动小规模袭击。因此，集中轰炸变为分散轰炸：消耗战已经打响。消耗！可究竟消耗的是谁呢？

* * *

根据事后掌握的资料，我们可以冷静地来研究，在不列颠之战——这场可被称为世界性决战的战斗中，英德空军各自的损失究竟是多少。通过上文所述，我们可以把我们曾经希望与担心的情况与当时的实际情况进行对比分析。

毫无疑问，在估计敌军损失时，我们往往过于乐观。经过研究分析，最终的结论为：入侵的德机与我机的损失比是二比一，而非我们过去所宣称的三比一。但这已足够，因为皇家空军不但没有被摧毁，反而大获全胜。一支新飞行员队伍在战斗中发展壮大。我们的飞机厂，不仅需要解决我军当前的迫切需求，而且需要支援我军进行长期作战。它们虽遭破坏，但并未瘫痪，这全归功于飞机厂的工人们。因为他们不论男女老少、技术熟练与否，都在战火中坚守他们的车床，昼夜劳作，如作战中的炮兵一般——他们也的确就是炮兵。在军需部，内政大臣赫伯特·莫里森不断鼓励属下“努力奋斗，走向胜利”，而他们的确做到了。在防空司令部，派尔将军指挥得当，随时随地为空战提供有效支援，其实他们的重头戏还在后面。对空监视部队，赤胆忠心、不知倦怠，时刻坚守岗位。还有组织严密的空战司令部——没有它，这一切都是白费力气。我们实力已经在连续数月的战斗中得到证明。在整个不列颠之战的过程中，大家各司其职，竭尽全力。

其中表现最为突出的，是我军的战斗机驾驶员们，他们始终保持着不屈不挠的毅力和至高无上的勇气。因此，不列颠得救了。所以我这样对下议院说：“在人类战争史上，从来没有哪个国家可以这样以少胜多，取得如此战绩!”

第二章

TWO

闪 电 战

德国连续几个阶段的进攻——戈林企图征服伦敦——连续轰炸五十七夜——派尔将军的高射炮火网——张伯伦先生经历大手术后的坚忍精神——在唐宁街10号的一次晚餐——落在财政部庭院中的一颗炸弹——帕尔麦尔大街起火——卡尔顿俱乐部被炸——马盖特餐馆和战争损失保险方案——地下铁路用作防空掩体——我们预料伦敦将被炸成一片废墟——改进安德森氏家庭防空掩体

德国对不列颠的空袭，实质上是一系列莫衷一是的观点、自相矛盾的目标以及从未彻底执行的计划。在这几个月里，敌人曾经三四次放弃了让我军备感压力的攻击方式，转而采用新的方式。我们根据德军不同的攻击方式，将不列颠之战划分为不同阶段，这些阶段之间相互衔接、彼此重叠，因此难以用精确的日期加以划分。第一阶段：发动空袭，目的是诱使我国空军卷入英吉利海峡及我国南部海岸上空的战斗；第二阶段：攻击南部各郡，主要是拥有机场的肯特郡和苏塞克斯郡，目的是摧毁皇家空军；第三阶段：对伦敦附近区域及在伦敦上空发动袭击；第四阶段：以空袭伦敦为终极目标；最后阶段：伦敦空战失败后，德国重新分散兵力，袭击各郡的城市以及我国经默尔西河及克莱德湾通往大西洋的海上交通线——我们赖以输入战略物资、原料和粮食的唯一生命线。

在8月的最后一个星期和9月的第一个星期，德军袭击我国南部海岸机场，使得我军疲于奔命，这是大家有目共睹的。可是等到9月7日，戈林正式掌握空战指挥权后，不仅将白天空袭改为夜间空袭，而且从袭击肯特和苏塞克斯的战斗机机场转为轰炸伦敦建筑物最集中的

大片区域。小规模的白天空袭已是司空见惯，从未间断，而大规模的白天空袭也有可能出现；但总的来说，德国进攻的性质已经完全改变。德国发动的这次夜间轰炸持续了整整五十七个夜晚，对于伦敦——这个世界上最大的城市而言，这无疑是一场严峻的考验，其结果如何，谁也无法预料。从来没有这么大片的住宅区遭受过如此严重的轰炸，也从来没有这么多的家庭被迫面临轰炸所造成的困难与恐惧。

8月底，敌人对伦敦进行狂轰滥炸，我们也迅速地给予了反击，并对柏林展开了一次报复性袭击。与德国从邻近的法国和比利时机场调动飞机相比，我们的航程要远得多，因而袭击的规模就不得不小很多。当时战时内阁极力主张以牙还牙，放手一搏，与敌人正面抗争。而我深信他们的主张是正确的，因为只有让希特勒感受到英国人的愤怒，见识到英国人的毅力，他才会感到震惊和不安。对于英国，希特勒心里一定是无比佩服，理所当然要利用我们对柏林的报复大做文章。希特勒公开宣布德国的既定政策，就是要把伦敦和英国的其他城市炸成一片废墟。他在9月4日宣称："如果英国胆敢袭击我们的城市，我们就干脆把他们的城市夷为平地。"他也的确拼命去这么做了。

德军的首要目的是摧毁我国的皇家空军，其次是要粉碎伦敦人的斗志，或至少要让这个世界上最大的城市无法居住。然而这些新的目标，敌人均未实现。皇家空军最终赢得了胜利，他们凭借的不仅是飞行员娴熟的技巧和过人的胆量，还有英国飞机优良的性能以及皇家空军严密的组织。如今在成千上万的普通民众身上展现的那些优秀品德，对于不列颠的生存不可或缺，他们向全世界证明了：英国——一个受自由熏陶的国家——其力量是多么的强大。

* * *

从9月7日到11月3日，平均每晚有两百架德国轰炸机袭击伦敦。在轰炸的前三个星期里，德军对我国各郡的城市进行多次袭击，致使我们不得不将高射炮部队分散到各地。因此，在伦敦成为主要的袭击目标之初，设在伦敦的高射炮仅有九十二门。权宜之计是让第十一大队指挥的夜间战斗机自由行动，进行反击。由于当时夜间战斗机投入使用不久，尚处于初期阶段，其中又有六个中队是新型的“伯伦翰”式和“无畏”式战斗机，飞行员对其特性不甚了解，对敌人造成的伤害很小。因此，我军高射炮兵一连三天都没有采取任何行动。其实在当时，他们本身的技术也是差得可怜。鉴于我军夜间战斗机仍存在一些弱点和尚未解决的问题，我们决定应该给高射炮手授权，让他们随意发挥自己的技术，放手射击那些看不见的目标。与此同时，指挥防空炮兵的派尔将军下令把高射炮从各郡的城市撤回，伦敦的高射炮数量仅在四十八小时内就增加了一倍多。我军的飞机暂时隐藏，高射炮大显身手的时机到来了。

整整三天，伦敦居民待在家里或简陋的防空洞里，忍受着似乎并未受到我军任何抵抗的空袭。9 月 10 日，伴随着强烈的探照灯光，高射炮部队突然向敌军发起了密集的炮火攻击。隆隆的炮击虽然并未给敌人造成严重损失，但却使居民们大为满足。每个人都欢欣雀跃，因为我们终于对敌人还击了！从此以后，高射炮定期开炮，射击技术稳步提高，被击落的德国飞机数量也逐渐增加。有时，高射炮部队暂停射击，夜间战斗机便派上了用场，他们的作战方法已大为改进。敌机除了夜间空袭外，还会或多或少连续不断地进行白天空袭，有时是小队敌机，有时甚至只是一架敌机。一天二十四小时内，时不时就有警报响起。对于这种古怪的情况，七百万伦敦居民已经习以为常了。

* * *

关于“闪电战”，我当然知道成千上万的人有许多更加惊心动魄的故事要讲，为了降低难度、节省篇幅，我在这里只谈几件我个人的见闻。

轰炸刚刚开始之际，人们并未把它放在心上。在伦敦西区，每个人都照常工作、娱乐、吃饭和睡觉。各大剧场常常人满为患，晚上黑

洞洞的街道挤满了人，车辆川流不息。这一切都和巴黎形成了鲜明的对比。5 月巴黎第一次遭受严重空袭时，城市的上空到处都弥漫着失败主义分子可怕的哀号，相比之下，伦敦人的反应是一种更为健康的表现。我记得，有一次当敌人发动连续不断的猛烈空袭时，我正和几个朋友吃晚饭。当时，斯多诺威大厦面向格林公园的几扇大窗户全部开着，高射炮射击时公园里火焰闪烁，有时还会被一颗爆炸的炸弹照得通明。我觉得我们在冒不必要的危险。吃完晚饭，我们前往帝国化学工业公司大楼，在那里可以俯瞰大堤①。帝国化学工业公司高高的楼台大多是用石头构筑，从这里眺望，美丽的河景一览无余。而此时，泰晤士河南岸至少有十几处地方因轰炸起火。正当我们走到那里，几颗重型炸弹落下，有一颗距离很近，以致朋友不得不匆忙将我拉走，躲到一根坚固的石柱后面。这次经历证实了我的观点：我们的确应该遵守日常出行的限制。

白厅周围的那些政府建筑物，一再被击中。唐宁街的房屋迄今已有二百五十年的历史，是由一个唯利是图的奸商负责建造的，由于当时建造匆忙，如今这些建筑已是摇摇欲坠。因此，早在慕尼黑危机期间，为唐宁街 10 号和 11 号居住者修建的防空洞就已经完成，花园房子的天花板用另外一层木制天花板给予加固，并用结实的木柱子支撑起来。人们认为，在房子被炸毁或倒塌时，这些加固措施可以帮助支撑残垣。但事实上，无论是这些房间还是防空洞，都经不住一颗炸弹直接命中。于是，在 9 月的最后两周，随着各项准备工作的完成，我的内阁办公室搬到了崭新且坚固的政府办公大楼，通过斯多利门和圣詹姆斯公园遥相对望。我们称这些区域为“附楼”，“附楼”下面是作战指挥室和几间避弹卧室。此时投掷的炸弹威力肯定会比战争后期的要小，尽管如此，在新办公大楼准备就绪之前的一段时间，生活在唐宁街如同是在前线的军营指挥所，让人感觉既紧张又刺激。

---

①　指泰晤士河的河堤。——译者注

* * *

最近几个月，我们的夜间内阁会议均是在“附楼”的地下作战指挥室举行。从唐宁街到那里，必须步行穿过外交部的四方形院子，然后从施工队艰难地挤出去，这些施工队正在为加固作战指挥室和地下办公室灌注混凝土。我没有意识到对于动过大手术后身体羸弱的张伯伦先生来说，这个过程是多么困难。但是任何困难也挡不住他，与前几次参加内阁会议相比，他依旧态度坚定，举止从容，风流倜傥。

1940 年 9 月末的一个傍晚，我从唐宁街 10 号的前门向外张望，看见工人们正在把沙袋堆在对面外交部地下室的窗前。我问他们在做什么，他们告诉我说，张伯伦先生自从动过手术之后，必须定期接受特殊治疗。敌人接连不断地发动空袭，唐宁街 11 号的防空洞里常常聚集着至少二十个人，十分不利于他的治疗。因此，只能在此为他准备一个小小的私人空间。尽管如此，他却毫无怨言，依然每天穿着得体地如期赴约。可是实际环境如此恶劣，他的身体怎么经受得住。所以我必须行使我的职权。我穿过唐宁街 10 号与 11 号之间的走廊，找到了张伯伦夫人，对她说道：“当前条件这样恶劣，而张伯伦先生又病得这么严重，根本不应该继续留在这里。你必须带他离开，一切等他恢复了健康再说。我每天都会把全部的电报给他送去。”听完我的话，她转身去找她的丈夫。不到一小时，她就捎话给我说：“他愿意听从你的意见。我们今晚就会离开。”然而我却再也没有见过他，因为此后不到两个月，他就与世长辞了。我确信他是希望死在自己的岗位上，但我却不能让他这么做。

* * *

还有一个令我印象深刻的场景是在 10 月 14 日晚上，当人们已经习以为常的夜间空袭开始时，我们正在唐宁街 10 号的花园房间里享用晚餐。同我一起用餐的分别是空军大臣阿奇·辛克莱、贸易大臣奥利弗·利特尔顿以及运输大臣穆尔·布拉巴宗。为保障安全，当时所有的钢质百叶窗都已经关闭。在我们周围不远的地方，爆炸声频频传来，没过多久，一颗炸弹“嘭”的一声落在距离我们大概只有一百码的皇家骑兵卫队阅兵场①。管家和客厅女仆在若无其事地继续上菜；厨师兰德梅耳太太和厨房女仆也不动声色地工作着。唐宁街10号的厨房高大宽敞，从一个大约二十五英尺高的大玻璃窗就可以看到财政部楼前的草坪。但从这扇大窗里我却敏锐地察觉到可能到来的危险。于是，我猛然站起，走进厨房，吩咐管家把饭菜放在餐厅的加热器上，命令厨师和其他仆人像往常一样躲进防空洞。果然，等我重新坐在防空洞的餐桌旁仅三分钟，一声近在咫尺的巨响传来，紧接着是猛烈的震动，说明房子已被炸弹击中。我的密探进来报告，说损坏十分严重，厨房、餐具室以及靠近财政部那边的办公室都被炸毁。

我们回到厨房检查，现场损毁十分严重。事实上，炸弹落在离财政部五十码的地方，原先宽阔整洁的厨房，现在已被炸得面目全非；曾经擦得闪闪发光的炊具餐盘，如今已变成一堆乌黑的瓦砾和尘土。大玻璃窗被炸成了碎玻璃和木片，散落在房间里，假如当时有人在房间，一定会被炸得粉碎。幸亏我及时察觉到了可能到来的危险，这才免去了一场很容易被忽略的灾难。草坪下财政部的地下防空洞被一颗炸弹直接命中，炸得粉碎，国民自卫军中负责夜间值班的三名公务人员全被炸死。他们被埋在一堆瓦砾下面，我们无法确定他们的身份。

空袭仍在继续，而且似乎更加猛烈了，于是我们戴上安全帽爬上“附楼”楼顶以查看当前战况。不过在去楼顶之前，我还是没能忍住走出了防空洞，把厨师兰德梅耳太太以及其他人带到他们工作的厨房看看。面对一片狼藉的废墟，他们十分难过，但主要还是因为这轰炸过的厨房太凌乱了！

---

① 皇家骑兵卫队阅兵场，英国政治中心白厅的中心，靠近唐宁街，通往皇室居住区唯一入口，是伦敦市重要地标之一。——译者注

我和阿奇一起登上"附楼"的圆顶阁楼。那天夜里晴朗无云，整个伦敦尽收眼底。帕尔麦尔大街上至少有五处大火，其大部分地方都已陷入火海；圣詹姆斯大街和皮卡迪利大街也到处火光闪烁。向更远的地方望去，泰晤士河对面也有许多地方在燃烧，但要数帕尔麦尔大街烧得最厉害。空袭渐渐停止，不久，"解除警报"的笛声响起，只剩下了熊熊大火。我们走下楼来，回到"附楼"二楼我的新住所，见到了保守党总督导员戴维·马杰森上尉，他一直住在卡尔顿俱乐部。他告诉我们，如今俱乐部已被炸得粉碎。事实上，根据当时火海蔓延的形势，我们也早就料到它会被炸。俱乐部遭到一颗重型炸弹的袭击，而当时，他正与大约二百五十名会员和职员一起待在里面。面向帕尔麦尔大街的俱乐部外墙和庞大的房顶全都坍塌了，连停放在前门附近的那辆汽车也被埋在废墟里了。当时，吸烟室里会员满座，整个天花板直接落在了他们头上。当第二天我看到俱乐部的废墟时，顿时觉得他们大多数人居然能死里逃生，简直是不可思议。是的，他们全都奇迹般地从尘埃、浓烟和瓦砾堆里爬了出来，虽然许多人受了伤，但没有一个人死亡。这些事情很快传到了内阁，我的工党同僚听后诙谐地说道："这还真是魔鬼保佑魔鬼。"就像阿尼埃斯从特洛埃的废墟中背出派特尔·安齐赛斯[①]那样，昆廷·霍格先生[②]也艰难地把他那位曾经担任过大法官的父亲从俱乐部的废墟中背了出来。马杰森无处容身，于是我们在"附楼"的地下室为他准备了床和毯子。从建筑物的损毁程度来看，这是一个非常可怕的夜晚，但令人惊奇的是，我们的死亡人数竟不到五百，受伤人员也只有一两千。

---

① 阿尼埃斯是弗吉尔所著《阿尼埃斯漂泊记》叙事诗中的英雄，在特洛埃陷落后他把年老的父亲背负出来，却在混乱与匆忙中丢失了自己的妻子。——译者注

② 昆廷·麦加勒尔·霍格（1907—2001），英国法官及保守党政治家，从政 50 年，曾历仕六位英国首相。——译者注

*　*　*

有一天午宴后，财政大臣金斯利·伍德到唐宁街10号来找我洽谈公事。突然间，泰晤士河对岸的伦敦南区传来一声巨响，于是我和他一起前去现场查看。那是一颗很大的炸弹——也可能是一颗地雷。它直接落在了佩克汉姆，并且在这个贫民区炸出了一个相当大的弹坑，二三十幢三层楼的小型住宅全被炸毁，而瓦砾堆中一面面英国国旗仍无畏地在风中飘扬。当人们认出我的汽车时，纷纷从四面八方飞奔而来，结果一下子就聚集了上千人。这些人情绪高涨，将我们围在中间，一边欢呼，一边用各种方式表达他们对我的热爱，有的甚至想要摸摸我的衣服。这些人可能是认为我为他们带来了实际利益。那一刻，我的心理防线轰然崩塌，禁不住流下了眼泪。当时，同我一起的伊斯梅曾这样记述，他听见一位老妇人说："你们看，首相在哭呢！他是真的关心我们！"其实，我的眼泪并不是源于悲伤，而是发自内心的钦佩和赞叹。"你们看，就是这儿。"他们一边说着，一边把我带到了废墟的中心。那儿有一个巨大的弹坑，大概四十码宽，二十英尺深。紧靠弹坑的边缘，立着一个小型家庭防空洞，其入口已被炸歪，迎接我们的是一个年轻人和他的妻子以及他们的三个孩子。炸弹爆炸时，他们就在里面，如今虽毫发无损，但显然受到了惊吓。对于当时所经历的一切，他们虽无法详细描述，可是他们活了下来，并且引以为傲，邻居们都把他们看作稀奇宝贝。当我们重新上车时，疲惫不堪的人们满腔激愤，高喊着"我们必须还击！""让他们也来尝尝这种滋味！"我当即答应会实现他们的愿望，而我后来也的确履行了承诺，下令对德国城市进行猛烈轰炸。随着我国空军实力的不断增强，炸弹越来越大，爆炸力也越来越强，德国曾经欠我们的，一定让他们十倍、二十倍地奉还！敌人的确得到了应得的报应，不但被打倒而且要被彻底征服。哎，可怜的人类啊！

* * *

还有一次，我在马盖特遇到了空袭，于是被带到了当地的大隧道里，其实当时不少人是一直住在隧道里的。一刻钟后，当我们走出隧道，瓦砾堆还冒着浓烟。一家小餐馆被击中，房子被炸成一堆废墟，到处是炸碎的锅碗瓢盆跟家具；万幸的是，没有人受伤。餐馆的主人和他的妻子，以及厨师和服务员都满脸泪痕，不知所措。他们的家在哪里？他们又将靠什么生活？这正是我们这些当政之人运用手中的权力，要有所作为的时候。于是，在乘专车返回唐宁街的途中，我当即做出决定，向财政大臣金斯利·伍德口述了一封信，确定了损失赔偿的相关原则，具体如下：凡是因敌军轰炸而造成的经济损失，皆由国家即刻负责全额赔偿。也就是说一旦住宅或店铺被炸毁，其经济损失将不再由居民或家庭单独承担，而是由全体国民平均分担。当然，伍德对于此项义务的不确定性会有所顾虑。但由于我催得紧，财政部制定的战争保险方案在两周之内就已成形，这个方案在日后处理事务的过程中发挥了关键作用。在 1940 年 9 月 5 日，关于这个方案，我对议会做出了如下解释：

> 我曾到全国各地巡视，每每看到小住宅或店铺被敌军炸毁，我就感到痛心不已。另外还有一点让我痛心的是，战时我们本应团结一致、休戚与共，这种经济损失应由全体国民共同分担，但是我看到在这一点上我们却未竭尽所能。要知道敌军空袭给民众造成的损失与其他任何类型的损失或损伤在本质上是有所不同的，因为国家有责任保障全体公民及纳税人的生命与财产安全免受外来侵犯。要想解决这个问题，议会必须根据社会舆论和自己的判断将敌方轰炸造成的损失跟其他各种类型的战争损失有效区分开来，在二者之间划出明确的界限，否则这个问题将没完没了，永无定论。倘若此

时我们能着手实施这项战争保险方案，给所有因敌军轰炸而蒙受损失的民众以全额保险，或者哪怕至少是最低限额的保险，我想此举定会彰显出我们对胜利的信心。经过一段时间的试行后，我们有理由相信这个战争保险方案能有效缓解民众的痛苦，帮助他们挺过这场战争。

财政部对这个战争保险方案的态度一变再变。最初，他们认为这个方案将导致财政部破产；但 1941 年 5 月之后，他们却转变态度认为这个方案颇有远见，政治家的英明在其中展露无遗，这主要是因为在此之后的三年里，德军空袭中止，民众没有再受损失，财政部也因此收入颇丰；可是到战争后期，“导弹”和火箭相继出现，民众蒙受巨大损失，财政部为此支付了八亿九千万英镑的高额赔偿，又导致财政部再度亏空。不管怎样，这个方案能取得如此进展，我还是十分欣慰的。

*　　*　　*

展望未来，我们认为除部分坚固的现代化建筑之外，用不了多久伦敦就会变为一片废墟。而此时此刻，大多数伦敦居民还抱着侥幸心理，依旧在原住所居住、睡觉，这让我十分忧心。用砖块和混凝土构筑的防空洞正在迅速增加，地铁也能容纳很多人。再加上还有几座大的防空壕，有些甚至能容纳多达七千人。虽然这些设施看似可以让伦敦居民每天高枕无忧地在里面过夜，但是殊不知一颗直接命中的炸弹将会带来多么严重的后果。因此，我下令尽快在这些防空壕中用砖构筑避弹墙。关于地铁的利用问题，各方争论不休，最后大家各自让步，终于也达成了一致。

首相致内政大臣爱德华·布里奇斯爵士和运输大臣：

1. 几天前，我曾在内阁提出一个问题，将地铁用作防空

壕究竟有何不可，我认为在一定程度上这是可以实现的，必要时我们可以牺牲其交通运输功能。对此当时有人信誓旦旦地告诉我，这是极不妥当的，而且说自己是在对整个问题研究后才得出这样的结论。但眼下，我却看到奥德维奇地铁站将要用作防空壕。这究竟是怎么回事，先前的决定为什么又被推翻了，请给我个解释。

2. 我依然坚持原先的主张，我们应广泛利用地铁设施作为防空壕，不仅是指各地铁站，还包括各条地铁线路。关于这个问题，我需要一份简洁明了的报告，一页纸就够，在报告里请写明：如果用作防空壕，各区段可容纳人数以及需要进行哪些结构改建。就拿奥德维奇一段来说，它是否的确能容纳七十五万人？通过我们的协调，我们完全可以取得交通与防空需求的相对平衡。

3. 请内政大臣向我汇报，关于以下事务，下一步有何打算：

（1）构筑更多的防空壕；

（2）加固现有的地下室；

（3）备好空闲可用的地下室及房屋；

（4）通过发放许可证，将绝大部分居民安置到指定的防空壕，从而确保各位居民按照我们的规划行事，避免拥挤。这是重中之重。

1940 年 9 月 21 日

战事进入新阶段，如何使各个工厂，尤其是经常遭受轰炸的伦敦各政府机构保持最佳工作状态，变得尤为重要。起初，不管是否必要，只要空袭警报一响，二十几个政府部门就会立即集合所有工作人员，火速躲进地下室。那时，大家甚至会为前往地下室的行动这么整齐、这么迅速而感到骄傲。事实上，很多时候来袭的敌机只有六七架，有时甚至只有一架，一般情况下，它们不会飞到伦敦上空来。但正是这样的小型空袭就可以使整个伦敦的行政和管理系统瘫痪一个多小时。

因此我提议，在拉响防空警报时，除“空袭警报”外，还应设置“预先警报”阶段。“空袭警报”与“预先警报”不同，只有当屋顶的观察员，或后来人们所谓的“乌鸦吉姆”在敌机已经或即将飞临当地上空时报告“危险将至”，才能发出“空袭警报”。根据此项提议，政府制定了具体实施方案。由于白天空袭连续不断，为确保大家严格遵守相关规定，我要求各部门每周汇报其职员在防空壕内度过的小时数。

首相致内阁大臣爱德华·布里奇斯爵士和伊斯梅将军：

明天晚上，请将9月16日空袭来临时，伦敦各部门在防空壕中停留而耽误工作的小时数汇报给我。

另外“若只有两三架敌机进犯伦敦，将不发出空袭警报”，对于此观点，空军部和空战司令部有何看法，请伊斯梅将军了解情况之后向我汇报。

1940年9月17日

首相致霍勒斯·威尔逊爵士和爱德华·布里奇斯爵士：

关于9月17日和18日各部门（包括三军各部门在内）因空袭警报而耽误的工作小时数，请各部门统计好后递交一份报告给我。18日之后的报告，也应每天送一份过来。这些报告不仅会给我过目，也会送至各部长官传阅。通过这种方式，以便评鉴哪个部门做得最好。要是哪天哪些部门的报告未能及时提交，就会让各部长官先看已经交上来的那部分。

1940年9月19日

* * *

这个办法大大鼓舞了各部门的工作人员。在这些报告中，有八份完成得非常认真。有趣的是，有段时间作战部门竟表现得最差。对于

这种含蓄的责备，他们虽觉颜面扫地，但也深受鞭策，于是迅速地各就各位、各司其职。所有部门因空袭警报而导致的时间损失明显减少。日前，我军战斗机重创了白天来袭的敌机，于是白天的空袭就此成为历史。虽然“预先警报”和“空袭警报”从未间断，但没有一个白天工作的政府职员因此受伤，更没有人因此丧命。如果这些政府职员和军事人员心生胆怯或者被敌人误导，那会白白浪费多少政府的工作时间啊！

早在9月1日的猛烈夜间空袭开始之前，我就曾写信给内政大臣及其他官员：

空袭警报及防范措施

1. 当前的空袭警报系统是针对少数情况下有明确目标的大规模空袭而制定的，不适用于如今一日数次的分批空袭，以及夜间的小规模空袭。敌军想要通过这种小规模空袭方式使我国大部门地区每日数小时陷于瘫痪、每晚不得安宁，另外还妄图以此使他们无法直接破坏的工厂陷于停顿，从而妨碍我军的战事准备，对此我们决不容许。

2. 因此，我们应当制订新的警报系统，具体可划分为：

预先警报。

空袭警报。

解除警报。

如果只是拉响预先警报，一个地区的正常生活可以不受影响依然照旧。非公职人员可根据自身意愿自行躲避，或将子女安置于安全地点。但总体而言，他们应该学会适应这样的危险环境，对他们来说只采取一些跟他们自身职责相符或者自我感觉适当的预防措施就够了。事实上，他们也确实掌握了这种本领。

3. 当前每次红色预警发出时，几乎要全员出动，这是不妥当的。防空工作应当交由人数充足的骨干力量来做。各个

承担战时生产任务的工厂应实行瞭望哨制度，在“预先警报”发出后，瞭望哨就要采取相应行动将警报传达给辖区各单位。瞭望哨全权负责对当地工厂或政府机构的警报发布工作。白天可以安排人数充足的防空队员专门负责升黄旗发布“预先警报”信号；晚上，可以通过闪烁的黄灯（或者红灯）发布信号。应当研究一下如何利用路灯或者电话的特殊响声发布信号。

4.“空袭警报”是要求大家“隐蔽”的直接命令，全体防空工作人员听到警报后需即刻就位。该信号通常要么与实际空袭同步发出，要么比空袭稍早一点发出。各区域在安排相关工作时，具体流程需视各地具体情况而定。

“空袭警报”的信号一般应通过汽笛发出，这样一来可能就不需要灯光或电话信号加以辅助了。

5.“解除警报”的信号可沿用当前的方法。其信号一旦发出，意味着“空袭警报”状态结束。若仍处于“预先警报”状态，则旗子应继续悬挂；若敌机确已返航，则旗子应立即撤下，“预先警报”信号灯也应熄灭。

“预先警报”和“空袭警报”信号的使用，可以因地区不同而有所变化。在肯特郡东部、伦敦南部和东南部、英格兰东南部、伯明翰、德比、利物浦、布里斯托尔以及其他一些频繁遭受空袭的地区，“预先警报”如家常便饭，“空袭警报”才表示实际空袭。以上原则也适用于白厅区。但在我国其他地区，“空袭警报”信号应更加谨慎使用，以免防空人员疲于奔命。

6. 伦敦所有政府机关不得强制任何人隐蔽，除非空袭真的开始了，并且防空人员根据新规定拉响了“空袭警报”。若只是拉响“预先警报”，任何公职人员都不得擅离工作岗位。

*　　*　　*

在使用汽笛这个问题上，我不得不做出妥协接受汽笛。我曾在议会中将汽笛描述成“报丧女妖的嚎叫”。

首相致内政大臣及其他相关人员：

有关空袭警报、汽笛、警笛、“乌鸦吉姆”等的新规定，我曾答应议会在上周之内予以考虑给出答复。然而目前随着空袭的加剧，取消汽笛的确是不明智的。上周你们针对种种防空举措做出了怎样的改进，请向我简单说明一下。

1940 年 9 月 14 日

贫民们大都住在没有任何掩护的小房子里，对此人们深表同情。

首相致内政大臣：

尽管缺乏维修材料，政府仍然应该竭尽全力帮助居民排干安德森式家庭防空掩体内的积水，并为他们准备地板以防冬季下雨，这些做法将会令你名声大噪。边沿部分要砌砖，砌得稀疏点就可以了，没必要用灰泥，直接盖上层油毡就行了，但必须要有排水沟和渗水井。我准备帮你制定一个综合方案来全面解决此事。届时，可以通过广播发布指令，当然也应充分调动地方专员和政府。关于此事，请向我提交一份计划。

1940 年 9 月 3 日

首相致伊斯梅将军及其私人办公室：

以下事项是否因空袭受到严重影响，请收集相关信息，向我提交一份报告：

1. 粮食的供应及分配；

2. 无家可归的人数，以及对他们的物资供应；

3. 消防队员的疲惫程度；

4. 伦敦地区的下水道；

5. 煤气与电力系统；

6. 伦敦地区的供水系统；

7. 伊斯梅将军需核查清楚敌军轰炸对于伍尔维奇地区的生产究竟造成了多大的影响。另请参阅军需大臣向我提交的报告。

1940 年 9 月 11 日

首相致内阁大臣爱德华·布里奇斯爵士：

请转告内阁及各部大臣，我提议把大家的办公时间稍微提前，午餐定为下午一点钟，而内阁办公时间要提前半个小时。原则上，如果我们将晚餐时间提前一些，比如说晚上七点一刻，会方便许多。因为接下来的几周，天黑得越来越早，战斗机的掩护一旦撤离，猛烈轰炸可能随之而来。因此，工作人员及仆人最好尽早进入防空洞。各部大臣晚上也应安置于相对安全的地方办公，他们卧室的选址尤为重要，要避免一切外界干扰，当然如果真有炸弹正好击中那里我们的确就没办法了。

会议于周二照常召开。在会议上，我向议会提议以后将这些不定期会议最好安排在上午十一点到下午四五点之间召开，以保证议员们能够在天黑之前赶回家，我希望要是在天黑之前能赶到防空洞那就更好了。当前形势可能会愈演愈烈，我们必须尽快适应。由于白天将越来越短，我们可能不得不将办公时间再度提前半个小时。

1940 年 9 月 12 日

*　*　*

在这些危险的日子里，议会该如何开展工作，同样也需要我们加以指导。议员们认为以身作则是他们的职责所在。事实的确如此，但他们可能做过头了；因此，我不得不规劝下议院议员尽快适应当前的特殊情况，审慎做事。为此，我特地召开秘密会议，使其意识到当前采取严谨的预防措施的必要性。之后他们同意：对议会召开的具体日期和持续时间严格保密；当议长收到“乌鸦吉姆”报告“危险来临”时，各议员应立刻暂停辩论，依照规定，排队有序进入专门为他们准备的又拥挤又简陋的防空洞。这段日子里，议员们一直坚守岗位、尽职尽责，为英国议会留下了浓墨重彩的一笔。下议院议员对于此类问题颇为敏感，因此他们的态度很难拿捏。当一个会议室被炸时，他们就会换到另一个，我只能尽力奉劝他们接受政府明智的建议。关于他们如何不断迁移会议室，我将在合适的时机另行叙述。简而言之，每个人都表现得深明大义且不失尊严。几个月后，会议室的确被炸得粉碎。幸运的是，那时刚好是晚上而非白天，议员们都已离开，会议室里空无一人。随着我们在白天的空袭中逐渐占据优势，个体行动自由了许多。但在最初的几个月，对于议员的安全问题，我始终不敢有一丝松懈。毕竟，我国的议会是通过公正的普选产生，拥有独立自主的权力，可以随时推翻政府。但在这最艰难的日子里，议会却成了政府的支柱，这可以助我们国家一臂之力，让我们可以与敌人一较高下。最终，英国的议会真的胜利了。

我相信没有哪个国家的独裁者可以像英国战时内阁这样如此切实有效地行使权力。每当政府发布某项计划，各位民众的代表总会在第一时间无条件支持，全体民众也会心甘情愿地服从。政府从未侵犯国民的批评权，批评家们也一直以国家利益为重。有时他们也会向政府发起挑战，但这时上议院和下议院会用占据绝对优势的投票否决他们。每每想到英国的这种公共生活运行方式，它也许可以被称之为议会民

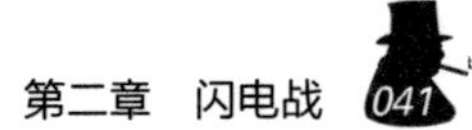

主或是别的什么名词，我就倍感自豪，因为它可以经受、克服并且战胜一切苦难。你看，我们的议员即便是面临亡国灭种的威胁都没有丝毫退缩。当然好在我们的国家最后也没有灭亡。

第三章

THREE

“伦敦毫不在乎”

痛苦与欢乐并存——美国的同情与愤怒——拆弹部队——用降落伞投掷重型水雷——政府的安全问题——赫伯特·莫里森继约翰·安德森任内政大臣——敌人开始使用燃烧弹袭击——伦敦抵抗灾难的能力——保卫作战指挥部的长期安排——回到“附楼”——德国再次改变计划——空袭港口——伦敦大火

这段时间，英国人尤其是地位崇高的伦敦人，表现出了他们骨子里最优秀的品质。他们意志坚定、不屈不挠，坚信自己骨子里是不可征服的民族；他们乐观向上、坚忍不拔，虽然眼前的生活对于他们来说陌生而恐怖，动荡且不安，他们却也能迅速适应。某天傍晚，我动身去东部海岸视察，在前往国王十字火车站的途中，空袭警报响起。那时整个街道空荡荡的，只剩一些脸色苍白、疲惫不堪的人排着长队，等待着最后一班公交车的到来。天气阴冷，秋雨蒙蒙，萧索的氛围笼罩着整个街道。随着夜幕降临，敌人也即将来袭。一想到伦敦——这个世界上最大的城市如今正忍受着巨大的痛苦和折磨，我心中一阵悲怆，这种感觉是如此深刻。这种情况究竟还要持续多久？伦敦人民究竟还要承受多少苦难？他们生命的极限在哪儿？倘若他们精疲力竭，对于英国旺盛的战斗力又会产生怎样的影响呢？①

德国对伦敦的轰炸一直在持续，并且随后还轰炸了英国其他城市

① 某天晚上，正当我来到“附楼”，一阵噪声和噼啪声从不远处传来。黑暗中，我看到了七八名国民自卫军正聚集在门口，他们有的是在巡逻，有的则是在执勤。我们相互打了招呼，他们之中有个身材高大的人说道：“我们要坚持不懈，这才算是有意义的生活呢！”

与港口。英国的这种遭遇在大西洋彼岸的美国掀起了一股同情热潮，这股热潮在英语世界里可谓是前所未有的。同情与愤怒如同熊熊烈火，灼烧着许多美国人的心，其中最为愤慨的当属罗斯福总统。这种情绪在美国愈演愈烈，我能够感觉到千百万的美国人，不论男女，都怀着满腔热忱，渴望和我们患难与共，迫不及待地想要和我们一起与敌人抗争。许多美国人不辞艰辛来到英国，带着各式各样的礼物，表达着他们对于英国人民的尊重、崇敬与热爱，使人们深受鼓舞。然而，这才刚刚是 9 月，在接下来的几个月中，我们还要按照这种非同寻常的方式继续生活下去。

敌军轰炸日益猛烈，在此压力之下，我军不断增建防空洞以及防御工事。我主要担心三件事。第一，排水问题。在我看来，如今六七百万人挤在一个建筑物密集的地区一起生活，一旦他们的供水和排水设备被炸毁，这将极其危险。如果这些设施被炸毁，我们能够保障排水系统依然正常运作吗？有没有可能出现瘟疫蔓延的情况？如果污水流进供水系统，又将会产生怎样的后果？事实上，我们的排污口早在 10 月初就已经惨遭破坏，我们不得已只能选择将所有污水都排入泰晤士河。起初河里只是散发着先前排放的污水的恶臭，后来又出现了一股我们倒进河里的化学品的气味，还好一切都在我们的掌控之中。第二，是传染病隐患。数百万人长期整夜挤在街道的防空洞中，我担心这虽然能预防被炸，却可能引发流感、伤风、白喉以及其他传染疾病。对于这种危险，大自然似乎早有应对之策。人类作为一种群居动物，其所呼出的有害细菌显然可以相互吞噬，彼此抵消，于是人类才得以安然无恙。虽然这个说法毫无科学依据，但应该是有一定道理的。在这个灾难不断的冬季，伦敦居民的身体状况的确比平日里更加健康。另外他们拥有如此强大的抵抗力还有一层原因，那就是当一个国家的普通民众都振作起来的时候，无论面对多少苦难，他们好像都能承受。第三，玻璃供不应求的问题。要知道有时候仅仅一颗炸弹，就可以将整条街道的玻璃窗炸得粉碎，我对此十分担心。我曾针对此事焦急地追问过很多次，还提议立刻停止玻璃出口，这些在我的备忘录中都有

所体现。不过还好，实际情况和相关数据都证实我这种担心是不必要的，玻璃供不应求的情况也一直没有发生。

* * *

9 月中旬，敌人采用了新的空袭模式，破坏性极大。事情变得非常棘手：敌军向全国各地投掷了大量的延时炸弹，大段的铁路线和重要的交通枢纽被迫关闭，通往重要的工厂及飞机场的道路以及主要的交通干线多次中断，影响了正常使用。因此，我们必须尽快挖出这些炸弹，使其爆炸或失效。这项任务十分危险，最开始尤其危险，其方式和方法必须通过多次摸索才能掌握。关于拆除磁性水雷的戏剧性经过，我在本套书第三册中早已详述。如今这种形式的自我牺牲虽然已经不足为奇，但仍然令人敬佩。早在 1918 年，我就开始对延时炸弹的引信深感兴趣。那时德军曾大规模使用安装这种引信的延时炸弹，阻止我军利用铁路进攻德国。一战中，我曾极力主张在挪威和基尔运河使用这种炸弹，这无疑是一种非常有效的战争武器，因为它能制造长久的恐慌。如今我们自己却深受其害。于是，我们设立了一个专门机构来处理延时炸弹，由金将军领导。我曾在契克斯别墅接见过他，他是一个能力超群、干劲十足的军官。我也曾做了很多努力极力推动这项工作的开展，下面是我在备忘录中的相关记录。

首相致陆军大臣：

如何处理当前伦敦市区，尤其是铁路上未爆炸的炸弹至关重要，这点昨晚我给你打电话时已经提过了。如今铁路调车场变得越来越拥堵，主要就是因为这些炸弹。为了解决这一问题，请务必从北部和西部同时调派拆弹部队，并尽快壮大金将军领导的拆弹机构。估计用不了多久，这件事就会变得更加棘手，因此在处理这件事时，务必要制订周密的计划。

1940 年 9 月 13 日

首相致军需大臣：

尽快处理未爆炸的炸弹是当前的首要任务。若此问题不能及时解决，将可能影响飞机以及其他重要战略物资的生产，后果十分严重。因此为了方便拆弹部队的工作，军需部门务必为拆弹部队提供各式各样的现代化装备。我已经看过了陆军大臣送来的文件，文件中详细描述了当前正在进行的试验以及正在设计的设备。首要的任务应该是生产拆弹需要的设备，以及满足之后可能出现的设备需求。

1940 年 9 月 21 日

首相致陆军大臣：

我听说，美国制造出了一种全新的钻子。人力两三天才能钻出的洞，它用不到一个小时就可以钻出来了。

我认为，你应该考虑订购一批这种工具。因为拆弹部队可以利用这种工具，迅速地挖出炸弹，并及时将其处理。没有什么比这更重要了。

这些钻子可能价格昂贵，但物有所值。因为它们挽救的生命与财产的价值远胜过钻子本身。而且，我们也确实应该为这些勇敢的战士配备最先进的装备。

1940 年 9 月 14 日

首相致陆军大臣：

有人告诉我，有明确的证据表明利用钻孔法能有效处理延时炸弹。如今延时炸弹引发的麻烦越来越多，问题也越来越严重，有鉴于此，我希望我军能够大规模采用这种方法。请向我提交一份报告，告诉我它当前的应用进度。

1940 年 9 月 28 日

每个城市、城镇和地区都组建了专门的拆弹队。志愿者们都奋不

顾身地加入到这场危险的战斗中来，他们组建了多个拆弹小队。有些队员比较幸运，在这场严酷的考验中幸存下来；而有些队员却在经历二十、三十甚至四十多次危险的拆弹任务之后壮烈牺牲。当我在全国各地视察时，拆弹部队随处可见。他们的英勇无畏与赤胆忠心显而易见，但不知为什么，他们的脸色与普通民众的看起来总有些不同。拆弹队员通常脸庞瘦削、面容憔悴、略带青色，可是他们往往双眼有神，嘴唇紧抿，举止泰然自若。每当描述这段艰苦卓绝的日子，我们总会滥用“残酷”这个字眼，其实这个词汇留给拆弹部队再贴切不过了。

其中有个拆弹小队令我印象深刻，颇具代表性。这个小队由三位成员组成，分别是：萨福克伯爵、他的私人女秘书以及他那位上了年纪的司机。他们自称“圣三一”，认识他们的人都知道他们技艺超凡，从未出过意外。他们一直面带微笑，优雅从容，曾成功挖出了三十四颗未爆炸的延时炸弹，然而却在挖到第三十五颗时遭遇不测，三个人全都上了天堂。不过我们相信，“天堂一定会为他们吹响所有号角”，就像《天路历程》中那位勇敢追求真理的先生那样。

这些尽忠职守的拆弹部队迅速地为我们排除了危险，但是也损失惨重，很多值得尊敬的人因此献出了生命。从下令拆除延时炸弹到现在还不到一个月，没想到事情会进展得如此顺利。我写了一封信，内容如下：

首相致伊斯梅将军：

9月初，延时炸弹看起来要给我国造成巨大威胁，不过最近已经很少听说这方面的消息了。从这方面来看，我觉得情况有所好转。请向我提交一份报告，列明近期德国向我国投掷此类炸弹的数量、我军已成功处理的数量以及仍有爆炸危险的炸弹数量。

我想知道，现在之所以会觉得情况好转，是因为敌人不再投掷此类炸弹，还是由于我们处理这种炸弹的方法有所改进呢？

1940年10月9日

*　*　*

与此同时，敌人开始利用降落伞向我国投掷水雷，跟先前用飞机投掷的炸弹相比，这种水雷更重，威力也更大，由此引发了多次大规模爆炸。除了报复之外，我们别无他法。德国已经撕去了伪装，空战不再仅限于袭击军事目标，这种行为大大激怒了英国民众，民众也纷纷要求对德国以牙还牙。我也赞成这样做，但是良心上却受到了谴责。

首相致空军副参谋长：

我认为，如果只是一个月内选择在两三个晚上向德国某些小城市发动几次小型空中突袭，德国就会占据道德优势。当然，我这么想，并不是说可以背离我们的对敌政策。不过你要知道：德国政府永远不会将真相告诉德国民众，凡是我国空军没有袭击的地方，他们就会告诉当地民众，德国的空防是坚不可摧的。所以这样做并不能对德国起到威慑作用。对德国的报复行动必须考虑多重因素，而且其中许多并不完全是技术性因素。因此，我希望你能考虑我的观点并提出建议，待时机成熟时，便可以付诸行动。

1940 年 9 月 6 日

包括我的朋友海军副参谋长汤姆·菲利普斯海军上将在内的一些人，都不赞成对德国以彼之道还施彼身。

首相致伊斯梅将军，转参谋长委员会：

（送交菲利普斯海军上将参阅）

1. 我们并非仅仅从道德的层面上出发，才反对报复德国的。要知道，集中攻击数量有限的几个重要军事目标，对我们更加有利。此外，敌方在狂轰滥炸之下，在导航等方面表

现出糟糕的技术水平，并不能说明他们已落下风，因此有必要集中火力打击其军事目标而并非民用设施。

2. 不过，选择用降落伞投掷大型水雷，表明敌人已完全抛下先前的伪装，不再只进攻军事目标了。事实上，在五千英尺的高空中，敌军根本无法分辨轰炸目标。因此，这足以证明敌人正企图用“恐怖手段”对付平民。这样的轰炸，不会影响我方的斗志，但对敌方的斗志有没有影响呢？我们要斟酌一下。这是一种简单的作战思维。

3. 所以，我倾向于：德军每用降落伞向我国投掷一颗重型水雷，我们就用降落伞回敬它一颗；更有意思的是，我们还可以把准备袭击的德国城市整理出一个清单。我认为他们肯定顶不住压力，让他们在一段时间内神经紧绷是再好不过了。

4. 要从政治方面思考、确定公开此事的时间和方法。同时，我想了解一下何时可以准备妥当。请特别注意：此事一经公布，要马上付诸行动；请诸位军官在最短时间内提出最佳的执行方案，让该计划得以大范围执行。用降落伞将水雷投掷到那些从未受过空袭的德国城镇，是最佳选择。如果为了节约时间，而必须使用我军现有的一千磅空投炸弹的话，请特别说明一下。

5. 由于德国降落伞向我国投掷重型水雷，我军能够对德国普通城市发动同等报复的最糟糕的形式是怎样的，请在周六晚上之前向我汇报。据报告，德军今日向我国投掷水雷三十六颗，但明天可能会投掷一百颗。好吧，就算它一百颗，请按照这个标准在七到十天之内制订出最佳行动计划。如果还需要等一等，那也可以，但请确保计划实施时不会有任何阻碍。

6. 上述信息公布之前，我认为对于已经发生的事情，无须诉苦，也不应抱怨。请在周六晚上之前，向我提出切实可

行的建议。

1940 年 9 月 19 日

一个月后，我仍然强烈要求采取报复行动；但是不断有人从道德或者技术层面提出反对意见，试图阻挠。

首相致空军大臣及空军参谋长：

据报告，昨晚敌人向伦敦投掷了大量地雷，其中很多还未爆炸，目前情况十分危险。

因此，关于如何有效报复德国，请立即提交你们的方案。

据我所知，我们有能力将类似的地雷或者重型炸弹运到德国，而且各空军中队也想要使用这些武器，但是空军部却不准许。我相信，空军部会适当考虑我的观点和意见。我一直主张对德国采取报复行动，他们如何对待我们，我们就如何对待他们。自我开始催促此事至今已有三周，如今却没有任何行动，究竟是谁从中作梗？

1940 年 10 月 16 日

伦敦居民在 1940 年至 1941 年冬季所经历的严酷考验很难与德国人在战争后三年所经历的相提并论。其实，战争后三年的炸弹更有威力，而且空袭也更加猛烈。但另一方面，德国本着一贯的彻底性原则，经过长期的准备，修建了一个完备的防空系统，并且通过铁腕手段强制所有人都躲进防空洞。当我们最终攻进德国时，发现尽管许多城市遭到完全破坏，地面上仍有许多坚固的建筑屹然耸立；虽然居民们的房屋和财产都已被炸毁，他们却每天晚上可以睡在宽敞的地道里。很多时候，被炸的只是几堆瓦砾。相比之下，尽管伦敦遭受的袭击并没有那么猛烈，但安全措施却落后许多。除地铁之外，伦敦没有真正安全的地方。几乎没有哪个地下室或地窖可以经得起一颗直接命中的炸弹。事实上，在敌人的炮火之下，所有的伦敦居民一直在自己家中或

防空洞中生活和休息。经过一天辛劳，英国人以其特有的冷静，等待命运的安排。除了能够防御爆炸和碎片的防空洞，一千个人之中也难以找到一个有其他防护措施的，但是伦敦人心理上的虚弱却并不像身体上的疾病那样厉害。当然，如果德国在1940年向伦敦投掷的是1943年的炸弹，我们早就陷入毁灭的境地了。然而，任何事情都是按照一定的顺序和关系演变而来，任何人也无权断言伦敦是不可征服的，虽然它也的确从未被征服过。

不管是战前还是前期消极抗战阶段，英国很少甚至根本没有修筑任何能够防御炸弹的据点，以供战时政府开展工作。曾经有人建议将政府所在地迁出伦敦，并为此制订了周密计划。不过，许多部门已将整个机构迁到哈罗吉特、巴思、切尔特纳姆以及其他地方。我们也曾大范围地征用房屋，以备政府一旦撤离伦敦，可供内阁大臣和重要官员使用。可现如今，即便在敌人的轰炸之下，政府和议会留在伦敦的意愿和决心依然坚定不移，对此我完全支持。同时，我和其他人一样，往往会将轰炸的破坏性想象得过于严重，以至于总是认为工作人员必须全部撤离或疏散，而事态的演变却总是与我们的反应背道而驰。

首相致爱德华·布里奇斯爵士、伊斯梅将军或雅各布上校及首相私人办公室：

1. 我从未计划从伦敦整批撤离黑色或黄色官员①。这件事情性质非常严重，因此，只有当伦敦中心区的确无法居住，使我们别无他法时，才能做此选择。此外，敌军往往很快就会发现并袭击新的办公地点，而伦敦的防空设施要比其他任何地方都多。

2. 将国家最高领导机关由白厅区转移到“围场”或者其他防空据点，则是另外一码事。我们必须确保政府有条不紊

---

① “黄色”官员指那些执行次要任务的人，“黑色”官员只要环境允许，就会一直留在伦敦工作。——译者注

地发挥积极作用，但在接连不断的空袭下，这几乎是不可能的。如何将战时内阁、战时内阁秘书处、参谋长委员会和本土部队指挥部分批迁往“围场”，请立即制订相关计划，甚至可以先从次要方面下手。战时内阁大臣们应该提前去看看他们在“围场”的办公场所，一旦收到通知，就立即迁过去。他们如果晚上需要安静的环境，就可以直接在那里休息。新的办公场所不指望大家能够保密，但切不可到处宣扬。

我们应当早就料到，白厅及威斯敏斯特宫随时都可能成为猛烈空袭的目标。因为德国的一贯套路就是：以毁灭政府为前奏，随后对整个国家发动攻击。他们每次都是这么对待其他国家，英国也不会例外。更何况有泰晤士河以及两岸的高大建筑作为可靠标志，无论白天还是夜晚，白厅及威斯敏斯特宫的景色都非常容易辨认。因此，我们必须采取预防措施，阻止政府的毁灭。

3. 海军部的防空设施较为完备，尚且不需要迁移。空军部应逐步开始迁移。陆军部及本土部队必须做好一切准备。

4. 将不超过两三百名政府要员及其贴身助理迁移到新的办公地点所需采取的一切必要措施及其具体操作步骤，请即刻进行磋商，并于周日晚间之前向我提交相关报告，以便我能在周一向内阁提出一个周密完备的迁移方案。周一，内阁将根据事前的规定，在内阁会议室或者中央作战指挥室召开会议。

1940 年 9 月 14 日

* * *

为了伦敦能坚持下去，我们必须在地下或者地面上修筑各种类型的坚固据点，保证政府及其数千名官员能够正常工作、履行职责。因此，我们已经在汉普斯特德附近为战时内阁准备了一个防空据点，配有办公室、卧室、电报收发设备以及附有防护装置的电话通信设备。我们称其为“围场”。9 月 29 日，我下令进行一次迁移演习，以保证轰炸过于猛烈时，每个人都知道该怎样应对。“我认为进入‘围场’非常重要。因此，下周四的内阁会议将在此召开。与此同时，我们也鼓励各部门进行一次骨干人员的迁移演习。届时如有可能，请为内阁成员及其他与会人员准备午餐。”于是，那天我们一大早就在“围场”召开了内阁会议，并且邀请每位大臣查看自己在此睡觉和办公的房间，尽量满足他们的需求。我们以一顿愉快的午餐来庆祝此次演习，之后就回到了白厅。这也是大臣们唯一一次使用“围场”。在“新楼”地下室的战时指挥室和办公室上方，我们共灌注了六英尺厚的钢筋与混凝土，并精心布置了通风及供水设备，以及尤为完备的电话通信设备。由于这些办公室距泰晤士河仅有二百码，而且远低于其水位，因此，政府必须采取相关措施以防河水涌入，工作人员被困。

* * *

进入 10 月之后，天气阴冷，环境恶劣。但伦敦似乎已经适应了这种非生即死的新环境，甚至在某些方面还能令人感到一丝悠闲。由于频繁的昼间空袭，上下班高峰拥挤的人流，以及铁路线上时常发生的故障，出入白厅区的交通问题日益突出。对此，我要寻找相关解决方案。

首相致霍勒斯·威尔逊爵士：

约在两周之前，我曾下达指令，停止讨论公职人员一周工作四天的相关事宜。因为我担心，此事一旦公布，将对工厂产生不利影响。但是如今，关于一周工作五天的事情，我改变了想法。我认为，公职人员一周之内应有四个晚上在办公室休息（如有可能，尽量在办公室用餐），剩下的三个晚上和两个白天则应在家休息。当然，这只适用于那些住在郊

区却在伦敦工作的人。我经常看到公共汽车站排着长队，这无疑会使迅速出入伦敦变得日益困难。每个部门应根据自己的实际情况，制订出方便工作人员的计划。同样的工作必须在五天之内全部完成。应当把不同部门上下班的时间错开，尽可能保证公职人员远离上下班高峰期，使一天之中来往的交通流量尽量均匀。

请向我汇报你关于此问题的意见，并提交拟在政府各部门传阅的行动计划。

1940 年 10 月 12 日

仔细审核之后，这个计划搁置下来，最终未能实现。

* * *

因张伯伦先生重病退休，内阁发生了重大的人事变动。其中两位表现最为突出：赫伯特·莫里森先生，他曾任军需大臣，办事干练有力；另一位则是约翰·安德森爵士，他曾成功抵御德军对伦敦的闪电轰炸。截至 11 月初，伦敦——这个世界上最大的城市——遭受的空袭持续不断而且十分猛烈，以致在饱受战争之苦的广大民众中引发了种种社会问题和政治问题。因此我认为，此时由一位久经考验的议员执掌内政部（如今也是国土安全部）大有裨益。德军攻打英国，伦敦首当其冲。赫伯特·莫里森先生是一个伦敦人，熟悉首都行政的方方面面，而他在伦敦行政管理方面的经验更是无人能比：曾担任伦敦郡议会领袖的他，在处理其各方面事务中都发挥了主导作用。同时，我也需要在内政部表现出色的约翰·安德森爵士出任枢密院大臣，主持范围更加广泛的内政事务委员会，由该委员会处理大量事务，进而减轻内阁负担。这样也可以减轻我的负担，使我能够集中精力指挥战争，在此方面，我的同僚们似乎越来越愿意给我自由。

因此，我请求这两位高级官员调换职务。我请赫伯特·莫里森先

生担任的可不是什么美差。伦敦政府遇到的种种困难，本书在此只能略述一二。有时候一两万人可能在一夜之间变得无家可归；有时候只能依靠在屋顶负责不停瞭望的观察员充当消防员，防止火势无法控制；有时候挤满伤残人员的医院也会遭受敌人的轰炸；有时候成千上万疲惫不堪的居民只能挤在防空洞中；有时候公路与铁路交通故障不断；也有时候排水管道被炸，照明、动力以及煤气供应全都陷于瘫痪。然而，尽管如此，伦敦还要继续战斗，伦敦人还要继续艰辛地生活下去，每天早晚都有近百万人进出伦敦，照常工作。我们不知道这种情况还将持续多久，也没有理由认为它不会变得更糟。因此，当我力邀莫里森先生担任内政大臣时，他深知其中的分量，丝毫不敢等闲怠慢。他要求要考虑几个小时，但是他却很快回来，找到我说他将为担任这一职务感到骄傲。对于他这种勇挑重担的决心，我十分赞赏。

张伯伦先生执政期间，内阁民防委员会就已经成立，并于每天早上召开会议，讨论整个局势。为了确保新任内政大臣能够行使国家赋予的一切权力，我也每周（通常在周五）召开会议，并要求各相关部门都要参加，但会上讨论的问题往往令人不快。

* * *

内阁人事变动后不久，由于敌人改变了空袭模式，我们的总政策也发生了变化。到目前为止，敌军对英国的空袭仅限于烈性炸弹；但在10月15日月圆之夜，约有四百八十架德国飞机飞临伦敦上空，投下三百八十六吨烈性炸弹以及七万颗燃烧弹，对伦敦展开狂轰滥炸，其规模为当月之最。此前，我们曾督促伦敦人民及时隐蔽，并尽力改进他们的防护设备。然而现在，“到地下室去”却不得不改为“到房顶去”；不过，这就要由新任国内安全大臣来制定新政策了。

一个规模巨大、覆盖整个伦敦（各郡采取的措施除外）的消防观察员和消防队迅速诞生。最初消防观察员均由志愿者担任，但是后来，由于所需人员过多，而男人们都强烈希望能够轮流充当执勤人员，因

此防空观察工作不久后便成为一种义务性的了。这项工作鼓舞了社会各阶层人士的士气，妇女们也争先恐后地要求参加。为了教会消防观察员如何处理敌人向伦敦投掷的各种燃烧弹，我们开办了大量的培训班。经过训练，许多人成为专家，几千颗燃烧弹还没有燃烧，火势就已被扑灭。观察员们冒着敌人的炮火夜复一夜地待在房顶上，除一顶钢盔之外再无其他防护，但没过多久他们也就习惯了。

*　　*　　*

然后不久，莫里森先生决定将一千四百个地方消防队合并为一个全国消防总队，外加一个由民众组成的大型消防队作为补充，而该消防队队员都是在业余时间受训和工作的。和消防观察员一样，他们最初也是在自愿的基础之上召集，之后又一致公认这项工作应成为大家的一种义务。全国消防总队的优势是更为机动灵活，训练标准和器材标准全国通用，而且还有正式认证的军衔。其他民防队也都成立了地区分队，能在接到命令后立即奔赴目的地。战前的“防空队”改称为“民防队”，大多数队员也都穿上制服，从而感觉到自己就是皇家空军的第四支军队。在所有这些工作之中，莫里森先生得到了副部长艾伦·威尔金森女士的大力协助，她昼夜不停地出入防空壕，并在组织民防队方面发挥了至关重要的作用。艾伦女士英勇顽强，却在近期不幸逝世，对此我们深感痛惜。在里丁夫人的积极领导下，妇女防空志愿队也发挥了非常重要的作用。

*　　*　　*

如果我们的城市一定要遭受袭击，我反倒情愿德军首先袭击伦敦。伦敦宛若一头史前巨兽，不管伤痛多大，都能忍受，即使遍体鳞伤、血肉模糊，照样能够存活下来、行动自如。在工人居住的双层楼房住宅区，安德森式家庭防空洞早已普及，人们曾竭尽全力使它适于居住，

能够排除雨天的积水。后来出现了莫里森式防空洞，它像一张用钢铁做成的沉甸甸的厨房大桌，四周用坚固的铁丝围住，能够承受得住一座倒塌的小房子，进而起到一定的防护作用，使许多人得以保全性命。至于其他损失，“伦敦承担得起”。伦敦人顶住了德国的一切打击，即使是更严重的打击，伦敦一样扛得住。事实上，除了眼看着这座大城市被毁，我们别无他法。不过，就像那时我向下议院提出的：德国对伦敦的毁灭受到收益递减规律的支配。果然，不久之后，炸弹轰炸的是早已炸毁的房子，只不过徒然将一堆瓦砾弄得四处飞散。大部分地方已经没什么可烧可毁的东西了。但是人还活着，依然英勇无畏、不屈不挠，四处为家，继续工作。此时，每个人都以作为一名伦敦人而感到骄傲，伦敦受到了全国人民的钦佩。其他大城市的居民也纷纷打起精神，争取在考验来临时全力以赴，不愿落后于伦敦。事实上，很多人似乎非常羡慕伦敦的名望。为了在伦敦住上一两晚，与伦敦共患难，有些人甚至不惜从遥远的乡下赶来。但由于行政管理方面的要求，我们不得不阻止这种趋势。

* * *

既然我们认为敌人对伦敦的恶意轰炸可能会一直持续到战争结束，那就必须要制订长期计划，以保证政府机构的安全。

首相致爱德华·布里奇斯爵士：

1. 我们现在了解了敌人对伦敦空袭的大概限度，也知道这次空战将是猛烈而持久的。事实上，应该要等到那些古老而且不牢固的建筑全部被炸毁时，德军才会停止对白厅以及政府的轰炸。因此要尽快利用现有的坚固房屋或者可以加固的建筑，为行政管理机构的大批骨干人员准备住处，并为指挥战争的主要大臣和重要部门提供办公地点。只要我们下定决心不被逐出伦敦，我们就必须这么做。或迁或留，我们只能二选一，既然做出了决定，就要将其彻底执行。

2. “围场”的房屋不能满足当前的需要。不能让战时内阁的成员一连数周在那里工作和生活，却让大部分工作人员居住在比当前白厅环境还要差的地方。但除了“围场”之外，又没有适宜的住所或者防空洞，导致每当观察员发出警报时，住在尼微尔厅的人只能来回奔波。因此，“围场”应该作为最后的选择，在此期间，可以让某个不需要留在伦敦中心区的部门使用。

3. 当前，几乎所有的政府机关建筑及其地下防空洞要么非常危险，要么经不住一颗直接命中的炸弹。正如我们之前看到的，陈旧的建筑大都已经被炸成碎片，比如说财政部，因此其地下防空洞无法提供可靠的安全保障。位于查尔斯国王大街两侧的外交部大楼和贸易部大楼修建得倒是非常坚固，因此它们的地下室十分安全。所以，我已批准修建加固防护设施的提案，主要是在政府机关建筑的屋顶修筑，包括作战指挥室、中央作战指挥室以及位于贸易部大楼的本土部队司令部。大概需要连续施工一个或者一个半月才能完成，对此我们必须要时刻敦促。而且即便施工完成，也不见得绝对安全。受当前不利条件的影响，里奇蒙台的基本防护设施建设受阻，无法提供安全保护。贸易部已受邀前往新址，当然其大部分职员需在伦敦之外寻找住所。不过，此次贸易部的迁移应作为总计划的一部分。

4. 伦敦有些现代化建筑在建造之初就考虑到了空袭隐患，因此选用钢筋和混凝土建造，十分坚固。这些建筑应立即征用，供战时内阁及其秘书处使用，并为主要内阁大臣提供安全住所。我们不必担心这样的安全场所准备得过多，因为其需求量势必会日益增长。毕竟，要充分保证政府的安全，才能保障其核心工作能够高效开展。

5. 我已经要求为议会准备其他办公场所，但目前还没有

令人满意的计划。议会大厦与会议厅一定会遭受袭击，只是时间早晚的问题，因此上下两院在开会期间，处境将十分危险。我们只能希望它们被轰炸时，里面一个议员都没有。议会大厦的地下防空洞完全不能抵御一颗直接命中的炸弹。显而易见，威斯敏斯特宫和白厅区会是敌人攻击的首要目标，我敢肯定，敌人在其周围已经投下了至少五十颗重型炸弹。内阁已经同意议会两院尝试迁到其他安全场所召开会议。我提议议会从下周四开始连续休会两周，在此期间，我希望你能够针对议会的开会场所提交相关计划。

6. 我认为，应该从与财政大臣保持密切联系的战时内阁大臣中指定一位，对当前急需开展的重大工作进行全面监督和指导；里斯勋爵以及整个工程建筑部也应在内阁的监督之下为此展开工作。如果我的同僚们同意，我将邀请早已参与此事的比弗布鲁克勋爵负责主持。

1940 年 10 月 22 日

于是，我便委托比弗布鲁克勋爵负责建造大批可以防御炸弹的据点，以保证能够容纳许多国家部门的全体重要职员。其中有十几个据点一直在伦敦保存至今，而且有些据点之间通过隧道相连。空战结束很久之后这些据点才建成完工，等到 1944 年和 1945 年敌人出动无人驾驶飞机和火箭袭击英国时，也只是利用了其中几处。然而，尽管这些建筑没有按照预期的准备发挥效用，但总归为我们提供了安全感。海军部独自在皇家骑兵卫队阅兵场修建了一座畸形的巨大建筑，用钢筋和混凝土修筑的墙壁厚达二十英尺，至于将来要怎么拆除它，就只能等世界变得比较安全的时候，交由子孙后代去解决吧。

* * *

将近 10 月中旬的时候，乔赛亚 · 韦奇伍德与我在议会上起了争执，原因是我没有为自己准备一个能够防御夜间空袭的绝对安全的住处。他是我的一位老朋友，曾在达达尼尔战役受过重伤。他一向是单一税制的拥护者。后来，他在税制方面开阔了视野，并加入了工党。他的兄弟是铁路执行委员会的主席。他们很有远见，早在战前就选择在皮卡迪利地区建造了一个相当大的地下办公室。它位于地下七十英尺，其上方是高大坚固的建筑物。虽然曾经有颗炸弹深入八十英尺深的潮湿底土中，但毫无疑问，该地下办公室的深度加上它地面上的建筑物，足以保障里面所有人的安全。在各方的极力劝说之下，我最终答应搬到此处休息。从 10 月中旬到当年年底，一旦空战开始，我就会在这里处理我的工作并安稳地休息。当一个人比其他大多数人享有更好的安全保障时，难免会心存内疚；但是，既然有这么多人极力劝说，我也只得照办。就这样在铁路地下室度过了约四十个夜晚之后，“附楼”的加固工作完成，于是我就搬了回去。我和夫人一直舒服地住在那里直到战争结束。我们认为这座石砌建筑十分坚固，因而十分放心地待在里面，只有偶尔几次躲到了下面的防空洞。我的夫人甚至还将我们仅有的几张照片挂在了客厅，我本来觉得什么也不挂比较好，但后来还是顺从了她的意愿，而事实证明这么做是对的。天气晴朗的时候，在“附楼”圆顶附近的屋顶，可以欣赏到伦敦的绝佳夜景。他们还为我修建了一个可以抵挡碎片的顶棚，保证我可以在月光中来回走动，观察轰炸的实况。在 1941 年，我常常会在晚饭之后带领我的几个美国客人到上面去，他们也总是表现得很感兴趣。

*　　*　　*

在 11 月 3 日晚上，伦敦在近两个月内第一次没有拉响警报。这种寂静让许多人觉得很是奇怪，反倒以为出了什么事儿。次日夜间，敌人的空袭遍及了我们这个国家的每个角落，并且持续了一段时间。德军的空袭策略再次改变。虽然伦敦依然是主要的攻击目标，但是德国已将主要精力集中于摧毁英国的工业中心。配备新式导航设备的特殊空军中队经过训练，专门袭击特定的重要工业中心。例如，他们曾训练了一个编队，专门用来摧毁格拉斯哥市希林顿区的罗尔斯·罗伊斯航空发动机工厂。然而，这纯粹是一种权宜之计，一种临时过渡的方式。入侵不列颠的计划算是暂且搁置，对苏联的进攻尚未开始，或者说除希特勒的亲信外，就没人有此打算。因此，这个冬天余下的数月对于德国空军来说是一段试验期：既要试验夜间轰炸的技术装置，也要试验对英国海上贸易的打击力度，进而企图破坏我方的军事生产和民用生产。如果德国人每次只专注于做一件事情，并且坚持做到底，也许成效会大得多。但如今他们已遭受挫折，暂时连自己也摇摆不定。

新型轰炸策略的使用始于 1940 年 11 月 14 日，德国在那天晚上对考文垂发动了闪电轰炸。伦敦作为轰炸目标似乎太大，过于模糊，所以很难收到实效，于是戈林寄希望于能够有效摧毁各地方城市或军火生产中心。空袭从 14 日黄昏开始，截至拂晓，出动近五百架德国飞机，共向考文垂投掷了六百吨烈性炸药以及数千枚燃烧弹。总的来说，这是我们遭受损失最为严重的一次空袭：考文垂市中心被炸得粉碎，短时间内一切活动被迫完全中断；当场炸死的就有四百人，受重伤的人则更多。德国广播电台声称要让我们的其他城市也遭受“考文垂式的毁灭性轰炸”。尽管如此，我们所有重要的航空发动机工厂和机床工厂并未因此停顿；在此之前从未经受轰炸考验的居民也不曾停止工作。在不到一周的时间里，紧急重建委员会出色地完成了恢复考文垂日常生活的工作。

11 月 15 日，皓月当空，敌人却又杀回伦敦，进行了一次猛烈空袭，并造成了极大的损失，尤其是祸及的教堂和其他名胜古迹。敌人的下一个目标便是伯明翰。从 11 月 19 日至 22 日，敌人接连三次空袭伯明翰，造成了严重的破坏与伤亡。近八百人被炸死，两千多人被炸伤；可是伯明翰人的生活和精神却经受住了这次严峻考验。一两天之后，我来到伯明翰视察当地工厂，并想亲眼看看轰炸后的城市状况时，发生了一件非常有趣的事情。那时正是晚饭时间，一个非常漂亮的小女孩跑向我坐的汽车，并将一盒雪茄扔进了车里。我马上叫车停了下

来，就听她说道：“我这个星期因为工作产量最高而获得了奖金呢，不过我是一个钟头前才听说您要来的。”这个礼物得花了她两三个英镑。于是，我很高兴地（以首相的身份）亲吻了她。之后，我接着去参观了长长的集体公墓，那里刚刚埋葬了许多市民及他们的儿女。伯明翰的精神明亮闪耀，组织严密、明察事理的百万伯明翰居民也丝毫未被他们所遭受的肉体痛苦所吓倒。

在 11 月的最后一周和 12 月初，德国的空袭重点转移到各港口城市，如布里斯托尔、南安普顿，尤其是利物浦，都遭受了猛烈袭击。紧接着，普利茅斯、谢菲尔德、曼彻斯特、利兹、格拉斯哥以及其他军火生产中心也都毫无畏惧地经受住了炮火的考验。无论敌人的炮火落在何处，我们的国家都坚如磐石，牢不可破。

在 12 月 29 日，也就是星期天，连续几周的空袭又一次在伦敦达到高潮。德国煞费苦心的种种伎俩都在此次轰炸中派上了用场。这简直是一次典型的纵火行为。此次空袭的重心集中在伦敦市区，轰炸的时间则精心选择在潮水最低的时候。攻击伊始，德军就利用降落伞向伦敦投掷大量的烈性炸弹和水雷，输水管道遭受严重破坏，我们需要扑灭的大火竟有一千五百处之多。同样遭受严重损失的是各个火车站和码头。八座“雷恩”式教堂被炸毁或遭受破坏。市政厅毁于大火和轰炸，圣保罗大教堂则全靠大家的英勇救护才得以幸存。时至今日，德国在大英帝国心脏地带留下的这一片废墟依然令我们目瞪口呆。然而，当国王和王后亲临现场视察时，人们欢迎他们的热情远远超过任何皇家盛典。

这场漫长的考验还要持续数月，在此期间，国王常常留在白金汉宫。虽然白金汉宫地下室的防空洞正在修建，但尚需一些时日才能完工。有好几次，英王陛下从温莎到伦敦时，正好不幸遇到空袭。有一次他和王后甚至险些被炸，可谓是死里逃生。我已得到英王陛下的准许，在此选用他的原话详述该事件的经过：

我们（从温莎）来到伦敦，正好遇上空袭。那天阴云密

布，下着倾盆大雨。我和王后一起到楼上，在那里可以眺望四方院的小起居室（原来的起居室在上次空袭时窗户被炸，导致我现在无法使用）。突然之间，我们听到一架俯冲轰炸机的隆隆声，声音越来越近，越来越大。然后就看到两颗炸弹掠过白金汉宫对面，直接落在四方院中，随即火光冲天，传来轰然巨响，炸弹约在八十码以外的地方爆炸。气浪从我们对面的窗口涌进，四方院里被炸出了两个巨大的弹坑。输水管道被炸，水从其中一个弹坑喷涌而出，穿过炸坏的窗户流进过道。这一切就发生在几秒钟之内，我们也迅速从起居室跑到通道。当时轰炸机一共投下了六颗炸弹：其中两颗落在前院，两颗落在四方院，一颗炸毁了教堂，另外一颗则落在了花园里。

1940 年 9 月 13 日，星期五

一战中，英王曾作为海军中尉参加过日德兰海战，因此他对这一切感到振奋；而且，能在伦敦与他的臣民共患难，英王表示十分欣慰。我必须承认，当时无论是我还是我的同僚都没能意识到这一事件的危险性：如果当时窗户是开着而不是关着，整块玻璃可能会被震碎，直接飞向国王和王后，后果将不堪设想。主要是他们之后表现得若无其事，即便是像我这样经常会见到他们和他们的侍从的人，也是在很久之后为写本书而问及此事时，才真正了解当时究竟发生了什么。

那段时间，我们非常严肃认真地考虑要在白厅的废墟上一直战斗。英王陛下在白金汉宫的花园里特设了一个射击场，以供他和王室的其他成员以及侍从武官们用手枪和冲锋枪苦练射击本领。不久，我从别人送我的几支卡宾枪中挑选了一支送给英王，这是一个很棒的武器。

大约在此时，国王改变了接见我的方式。在我上任的前两个月里，他通常是每周正式接见我一次，每次都在下午五点左右。如今他却安排我在每周二中午与他共进午餐，有时王后也在场，不过这的确是个共商国是的好时机。有好几次，我们不得不带着餐具转移到尚未竣工

的防空洞里用餐，每周一次的午餐也演变为一种惯例。几个月后，英王决定用餐时仆人无须在旁作陪，由我们自己上菜，相互照顾。这种情况一直持续了四年半，在此期间，我逐渐察觉：英王非常勤奋——他十分认真地阅读了所有呈交给他的电报和公文。根据英国的宪法制度，君主有权了解他的大臣们所负责的一切事务，并且拥有向政府提出建议的无限权力。我特别留心让英王了解一切事务，而且在每周的会面中，我也时常注意到，连我还没处理的文件，他也早已洞悉。在那些决定命运的战争岁月里，有如此优秀的国王和王后真是英国之福。作为君主立宪制的绝对拥护者，尤其是作为首相，能够受到君主如此亲切的款待，我感到无上荣耀；而且，我认为，自从安妮女王在位、马尔博罗伯爵掌权以来，这种君臣亲密关系的先例是前所未有的。

* * *

我们就这样迎来了这一年的年末，为了保持情节的连贯性，我已经叙述到了整个二战的前期阶段。读者可以看出，所有这些血雨腥风不过是更加衬托了我们镇定自若的态度：冷静地进行作战活动；冷静地制定政策、开展外交。我必须强调的是，事实上这些伤害不但未能置我们于死地，反而积极地推动着我们：使我们拥有了明确的战争观念，收获了忠实的友谊并采取了审慎的应对措施。然而，如果敌人的空袭比现在猛烈十倍或者二十倍，甚至可能只是猛烈两三倍，那我在此描述的各种反应就很不正常了。当然，作这些无谓的假设并不现实。

第四章

FOUR

巫 术 战

秘密战争——林德曼的贡献——雷达技术的发展——戈林的愚蠢与顽固——诱敌的火光——德国空军受挫——英国在科技层面的胜利——火箭炮部队——派尔将军的指挥和大不列颠的空防——空中布雷区——近炸引信——反攻的前景

正当英国与德国空军之间、驾驶员之间、防空部队与轰炸部队之间以及残酷的轰炸和坚毅的人民之间进行着殊死搏斗时，另一场战斗也在随着时间的推移而逐步展开。这是一场秘密战争，至于谁输谁赢，公众无从知晓。即使是现在，除了几位相关的高科技人士通晓之外，普通民众也难以理解。一般人从未参与过这种战争，因此仅用文字记载或者口头阐述一些专业术语，普通人也很难了解这场战争。如果我们未能领略其深远意义，利用其中秘密，甚至只是匆匆一瞥、略略一叙，那么飞行员们的英勇奋战，英国人民的无畏牺牲，都将变成徒劳无功。如果不是英国的科技发展水平确实优于德国，如果不是为了生存斗争而将邪恶资源有效利用，我们很可能已经被击败，而且一旦被击败，就会毁灭。

十年前，曾有一位智者这样写道："思想界的领袖们已经到达人类理性的极限。但是如果所有的有线通信中断，他们则只能通过这种让人难以理解的信号与大家交流。"然而，如今我们的国家命运以及很多其他事情都取决于对这些信号的辨识，以及能否针对辨识结果及时采取正确的行动。我对科学一无所知，但我对科学家们还是有所了解的，而且在以大臣身份处理自己不懂的事务方面，我也是颇有经验的。至少，我的军事洞察力是非常敏锐的：什么东西有益、什么东西有害，

以及什么是救星、什么是祸害，我都十分善于分辨。我曾在防空研究委员会工作过四年，对雷达问题有大概的了解。因此，我将尽我所能专心投入于这场巫术战，至少保证在行动开始时，所有有价值的研究成果能得到利用，而不是受到阻碍或者被忽视。毫无疑问，弗雷德里克·林德曼博士的成就和才能受人尊敬，但不乏一些科学家比他更加杰出。但是在我看来，他有两项非常重要的特质。第一，如前文所述，他是我二十年的挚友与知己。我们曾一同关注着这场世界灾难的发生与发展，也曾一同尽我们所能向世人敲响警钟。如今我们身处其中，而我又有权统率并武装我军的作战力量。我如何才能掌握这门知识呢？

这就要提到他的第二个特质是：林德曼博士能够破译专家们从远方发来的信号，并且能用简明通俗的语言向我解释其中的内容。人的一天只有二十四个小时，其中至少有七个小时用来睡觉，三个小时用来吃饭和休息。那么任何一个人，如果处在我这个位置，却还想要钻研这种穷尽毕生之力也无法钻研通透的问题，早就应该崩溃了。实际研究结果才是我要钻研的对象，我会在林德曼告知我这方面研究的新进展时马上行动起来，至少要确保将其中那些很重要又不好理解的成果应用到实践中来。

*　*　*

自 1939 年以来，雷达各方面的技术日新月异，即便如此，1940 年 7 月至 9 月进行的不列颠之战，正如我前文所述，主要还是依靠人的眼睛和耳朵作战。最初几个月，我还这样安慰自己，伦敦的冬天常伴雾霾和阴云，它们如同防护罩一般覆盖整个岛屿，至少能有效保护我们在白昼，尤其是在夜间免遭敌人的精确轰炸。

曾经有一段时间，德国轰炸机主要通过无线电信标台进行导航。德国在欧洲大陆多处建立了这种灯塔似的信标台，每个信标台都有自己的呼叫信号，仅仅利用普通的定向无线电设备，德国人就能根据任何两个信号传来的角度锁定轰炸机的位置。作为反击，我们迅速建立了大量电台，并称之为“梅康”。这些电台接收了德军的信号，将信号增强之后，再从英国的某地重新发出。结果，那些试图通过无线电信标台发射的信号返航的敌机，经常因此偏离航道而迷航。的确曾有一架德国轰炸机自动在德文郡降落，误以为那里是法国。

然而，6 月份发生了一件让我相当惊讶的事情。林德曼教授向我报告说，他认为德国正在制造一种设备，以保障德军不论白天黑夜、天气好坏都可以进行轰炸。目前，德国人似乎已经发明了一种无线电波束，如同看得见的探照灯光，引导轰炸机非常准确地袭击目标。通过无线电信标台指挥飞机驾驶员，并且通过无线电波束锁定目标。他们也许不能袭击某个指定的工厂，但是他们却能袭击某个城市或城镇。因此，我们不仅要担心月光明朗的夜晚，毕竟这时我们的战斗机驾驶员也同样能看得清敌机，今后我们甚至还必须料到敌军可能会选择云雾天气进行最猛烈的袭击。

林德曼博士还告诉我，如果我们立即采取行动，现在有一种方法能使无线电波束弯曲。但我必须要接见其中几位科学家，尤其是空军情报机构副处长雷金纳德・维克托・琼斯博士，他曾是林德曼教授在牛津大学的学生。于是，我满怀不安地于 6 月 21 日在内阁会议室召开特别会议，到会的约有十五人，包括亨利・蒂泽德爵士和多名空军指挥官。几分钟后，一位年轻人匆忙走进内阁会议室，坐在最后一个席位上，我后来才听说，原来他那时以为突然传召他参加内阁会议是个恶作剧。按照计划，我请他首先发言。

他告诉大家说，几个月以来，欧洲大陆各方面传来的消息都表明：德国研究出了某种夜间轰炸的新模式，并对此寄予厚望。这种模式似乎与代码“涅克宾”（德语屈膝礼的音译）有紧密联系，我们的情报人员曾多次提及这个词，但并没有多做解释。起初我们认为，敌人派间谍在英国各城市安装了无线电信标台，以保障其轰炸机顺利返航；但后来证明这一推断根本站不住脚。几个星期之前，我军在海岸上偏僻的位置拍到了两三座奇特的矮塔，看起来并不是任何现有的无线电接收装置或雷达的模样。而且，其安装的位置也不符合当前的假设。

最近，我军成功击落了一架德军轰炸机，机上安装的降落设备，好像比通过洛伦兹波束进行夜间着陆所用的设备更加精密，但根据我们目前所知，夜晚降落好像是这种设备仅有的作用。他将各种理由综合起来，逐步论证得出结论，德国似乎在计划通过某种定向波束系统进行导航和轰炸。根据这些线索，我军对那架轰炸机的驾驶员反复盘问，他最终妥协并承认听说过正在研究这类装置。以上就是琼斯博士的发言要点。

他平静地讲了二十分钟甚至更久一点，根据证据逐步展开推理，引人入胜，令人信服，完全可以与福尔摩斯或勒考克的侦探故事相媲美。听着他的推理，我脑海中浮现的是《英戈尔兹比传奇》中的诗句：

现在来了一位琼斯先生，
他发誓证明，
十五年前，他曾听到一阵呻吟，
在他去圆形石林的路上（去考察已故约翰·索恩爵士书中描述的石头），
他顺着呜咽声，
找到了一堆白骨，
一只乌鸦正在啄食一位少年鼓手的骸骨。

琼斯博士讲完之后，大家纷纷表示怀疑。一位高级官员问道，假设这种波束真的存在，既然德国人已经拥有了各种导航设备，为什么还要用波束呢？两万英尺的高空之上，星星几乎总是清晰可见。我们普遍认为经过艰苦的航行训练后，我们所有的飞行员应非常善于寻找航向和发现目标。参加会议的其他人对此似乎也非常关注。

*　　*　　*

接下来，我要用我所了解的词汇解释德国波束是如何工作，以及我们是如何进行反击的。就像探照灯的光束一样，无线电波束趋于分散，不能非常集中；不过，如果使用所谓的“波束分裂”法，精确度就可以大幅度提高。我们假定有两束平行的探照灯光，一明一灭，左边的灯亮时则右边的灯灭，右边的灯亮时则左边的灯灭。如果一架攻击飞机恰好在两道光束中间飞行，驾驶的航道就会被不断照亮；但如果飞机飞行方向有点偏右，更靠近右边的光束，右侧的亮度就会更强，结果就是驾驶员会看到灯光闪烁、一亮一暗，说明航行方向出错。驾驶员只有在两束光的正中间航行时，左右两侧亮度相等，才能避免灯光闪烁。在这条位于正中央的航线指引下，驾驶员可以找到他的目标，如此一来，便可让两个电台发射出的两道射束交叉于英格兰中部或南部任意一座城镇上空。德国飞行员只需要沿着一条波束飞行，当他检测到第二条波束时就可以投掷炸弹。解答完毕！

以上就是“波束分裂”法和“涅克宾”装置的原理，戈林对这个装置寄予厚望，并使德国空军相信只要有这个装置，不管阴天还是有雾，不管白天还是黑夜，德军都可以对英国的城市进行轰炸，而且能够免遭英国高射炮和战斗机的截击。经过条理分析和大规模的谨慎规划，德国空军最高统帅部将空战胜利的赌注压在这一装置上，相信它会如同磁性水雷那样，将我们打败。那么，他们就不需要像我军那样，费心训练普通轰炸驾驶员，掌握深奥的航行技巧。这种方法不仅格外简单，而且更加保险，依靠无法抵御的科学，不仅能够训练大批驾驶员，而且能够取得累累战果。这对于德国人的确很有吸引力。德国飞行员信仰波束，就好像德国人信仰其元首一样。他们也就只能追逐这个了。

不过，由于早已收到预警，单纯的英国人不仅找到了应对措施，而且及时采取了行动。通过在国内建立合适的电台，我们就可以扰乱敌人的波束。当然，敌人也会很快发觉。还有一个更好的办法，那就是我们可以在某些特定的地方设置重复发射器，加强分裂波束一侧的信号，而另一侧保留原样。那么那些试图在两条波束信号强度等同的中间位置飞行的敌机，就会因此而偏离正确的航向。可炸毁一座城市或至少可严重破坏一座城市的大批炸弹，会如同瀑布般散落在离城市十五到二十英里的旷野上。身为首相，一旦确认了这个古怪而致命的游戏规则，我就不会多加争论。在 6 月的那一天，为假设这种波束确实存在，我下达一切必要指令，以保证所有反击德国波束的行动绝对优先执行。这一政策执行之时，若有人表现出丝毫迟疑或者任何偏差，均需向我报告。尽管有这么多任务需要完成，我并未给内阁增添麻烦，甚至也没有劳烦参谋长委员会。我会跟那些友好机构详述我遭遇的一切重大障碍，前提是真的有这种障碍。可是这个小范围、那时简直可以说是神秘范围内的所有人，都在短时间内选择了服从，障碍极少，很容易扫清，所以根本没必要劳烦旁人。

大约在 8 月 23 日，敌军开始发动大规模夜间空袭，并在迪耶普和瑟堡附近新建了一批“涅克宾”电台，目标直指伯明翰。当然，初期困难重重，我们需要克服；不过没过几天，“涅克宾”电台的波束就被扭曲或者遭到干扰，以致在接下来的 9 月和 10 月，这一段至关重要的时期，德军轰炸机要么在英格兰上空绕来绕去，盲目投弹，要么就是真的被引入歧途。

我恰好记起一件事情。伦敦空袭期间，国防办公室的一位官员曾将其妻子和两个孩子送到了乡下，那里跟所有城镇都相距十英里。因此，当看到一连串大爆炸就发生在三块田地之外时，他们感到非常震惊，细数之下，竟是百余枚重型炸弹。他们不禁怀疑，德国此次轰炸的目的何在，倒也分外感激上帝的保佑。这位官员于次日提及此事，但由于该信息非常专业，且需要绝对保密，而了解内幕的人极为有限，即使他身居高位，也无法为其提供满意的解答。寥寥无几的知情人士只能彼此会心一笑。

不久之后，德国空勤人员就开始怀疑他们的波束遭到了严重干扰。但是据说，这两个月内，竟没有人敢于向戈林报告：这些波束可能被扭曲或者干扰。后来终于收到报告时，戈林却由于愚昧无知，信誓旦旦地声称这绝不可能，还特地向德国空军发表声明，保证这些波束绝对可靠，并警告大家：如果谁敢怀疑，就立即开除。如前文所述，我

军在闪电战中遭受重创，任何国家都能以任何方式袭击伦敦。当然，由于整个德军轰炸系统深受我军反击的干扰，再加上一般的误差，德军炸弹的命中率不超过五分之一。我们必须将其作为德军的一个较大胜利，因为尽管其轰炸的命中率只有五分之一，对于我们的日常工作与生活已经影响很大了。

*　　*　　*

经过一番内部斗争，德军最终改变空袭方案。对德国而言，很幸运的是，他们有一个战斗大队，其中一个编队名为“100 号作战小组”，使用的是其独有的一种波束，他们称之为“X 装置”。这个名字听起来颇为神秘，我们的情报人员乍一听到，十分好奇。截至 9 月上旬，对此装置，我们已经有了充分了解，足以设计出反击方案。不过，即使再给我们两个月，专门的干扰设备也难以造出。因此，“100 号作战小组”能够继续进行准确轰炸。于是，敌人迅速利用这个小组进行探路，通过向目标区域投掷燃烧弹，以引导那些剩余的无法依靠“涅克宾”信号导航的德国空军。

11 月 14 日至 15 日，考文垂成为德国空袭新方案的首个攻击目标。尽管此时我军已开始研究新的信号干扰方案，但是由于技术误差，几个月之后才能有效使用。在这种情况下，我们掌握的跟波束相关的知识，依旧发挥了很大作用。通过分析敌军波束的设置以及发射的时间，不管是德军轰炸的目标与时间，还是德机航行的路线与高度，我们都能够预测。唉！但是当时，无论就武器数量还是设备本身而言，我军轰炸机都无法充分利用这些情报。不管怎样，这些信息对于我军的消防工作以及其他民防部队而言，却是非常宝贵的。因为他们能够及时在受威胁区域集结，并且能在空袭到来之前，向民众发出特殊警告。如今，我们的反击措施有所改进，能够有效对抗敌军的袭击。与此同时，时机适合的时候，我们会在适当的空地上大规模燃起诱敌火光（代号“海星”），目的是将大量来袭敌机引入歧途，往往能取得显著成效。

1941 年年初，我们已能成功应对“X 装置”；但此时，德国人却也不甘示弱，苦心思索，研究出了一种新型辅助设备——“Y 装置”。之前两个系统都是在目标上空设置交叉波束，相比之下，新的系统只需使用一条波束，结合无线电测距的特殊方法，准确告知飞机已沿波束飞行的距离。飞机一旦飞至正确位置，则可立即投下炸弹。得益于所有相关人员的才智与努力，早在德军将“Y 装置”投入使用的前几个月，我们就已经掌握其准确的操作方法；等到德军利用“Y 装置”为轰炸机带路时，我们已经有能力使其失去效用。就在德国人使用“Y 装置”的第一晚，我们新的干扰装置也投入使用。当敌军的导航飞机和地面指挥站之间的咒骂声不断通过监听设备传来，便足以说明我们的努力颇有成效。而敌军空勤人员对其新设备的信心，从一开始就被打击得消失殆尽了，因此，经历多次失败之后，这一空袭模式就被弃用了。虽然 1941 年 5 月 30 日至 31 日夜间都柏林遭受轰炸，的确是我们对 Y 波束进行干扰造成的，但也出乎我们意料，并非我们有意为之。

马丁尼将军是此次巫术战中德军的负责人，他曾在战后承认，他不但未能及时察觉此次“无线电之战”早已开始，而且低估了英国情报机关和防御机构的能力。当英国其他防御措施失利或者尚处于初期阶段时，我们利用他在波束之战中所犯的战略错误，将本应投向英国各城市的炸弹成功转移。然而，事实上正是在这种潜在的致命空袭的压力下，我们才得以迅速地改进防御能力。自从战争开始以来，我军就积极生产一种名为“A. I. ”的机载雷达，这是防空研究委员会自 1938 年以来劳心费力的研究成果，用以探测和追踪敌军轰炸机。但是这一装置体型过于庞大，结构又太过复杂，如果仅由一名驾驶员负责操作，则难以胜任。因此，我们起初将其安装在双座“布伦海姆”式轰炸机上，后来是“英俊战士”式轰炸机，通常在夜间由观察员负责操控雷达，并指挥驾驶员，直至发现敌机，约在距离一百码时向其开火。起初，我称这种装置为“嗅感器”，希望它能早日用于战斗，但

这无疑是个缓慢的过程。不过，如今总算开始了。一个广泛的地面操控截击系统逐步建立并投入使用。英军驾驶员们不再依赖运气，而是依靠这个系统参与战斗。他们驾驶着装有机关枪的轰炸机追击那些几乎没有任何防御能力的德国轰炸机。

如今，敌军使用波束，反倒帮了我们。通过波束，有关德军空袭的时间和方向，我们能收到准确的预警，进而保证相关地区的夜间战斗机中队以及一切装备能够及时投入使用，充分发挥其作用。利用精密的科学系统，所有高射炮部队得以周密部署和全面指挥。对此，之后还会详述。3 月和 4 月间，德军战斗机损失率持续高涨，引发德国军事首脑的密切关注。他们渐渐发现，将英国各城市“夷为平地”，并不像希特勒设想的那样简单。等到 5 月份，德国空军收到指令，停止对大不列颠的夜袭，准备在另一个战场展开行动，我们才得以松了一口气。

因此，自法国沦陷后，德国连续三次企图征服不列颠的重大尝试，都被我们成功击败或有效阻止了。第一次是 7、8、9 月的不列颠之战，德军虽然数量上占据绝对优势，但最终却一败涂地，不但未能摧毁攸关我国生存与未来的英国皇家空军、军事基地以及飞机工厂，反而遭受了难以承受的严重损失。紧接着，我军又取得了第二次胜利。德国未能在不列颠之战中取得制空权，因此也没能实现横渡海峡入侵英国的计划。我军战斗机驾驶员英勇无畏，又有杰出的英国政府予以支持，虽然所处条件与三百五十年前无敌舰队之役大有不同，但却与德雷克中将所率领的勇敢的小型舰队和坚强的海员所取得的战绩相匹敌。当时，西班牙无敌舰队被击败后，帕尔玛公爵同样率领着强大的陆军停留在低地国家，等船过来帮他们横渡海峡，除此之外，他一点办法也没有。

第三次考验是德军对我国各城市发动大规模夜袭，肆意轰炸。得益于我军战斗机的不懈努力与娴熟技巧，民众的坚忍不拔与不屈不挠，尤其是首当其冲的伦敦居民以及支援他们的民防组织，英国最终战胜了敌人，粉碎了其入侵计划。但是，如果没有本章所提及的英国科学

及科学家们为此战所做出的重要贡献，飞行员在高空中以及民防人员在烈火熊熊的街道上所做出的巨大努力都将付之一炬。

*　*　*

德国有句俗语，“树高不过天”，讲得很有道理。然而，我们有充分的理由相信，德国对英国的空袭将会不断加强。在希特勒真正入侵苏联之前，我们没有任何依据认定空袭会逐渐减弱甚至停止。因此，我们做到了以下几点。对于我们赖以生存的反击设备与方案，我们竭尽全力改善，并且同时研究新设备，寻求新方案；优先进行有关各种雷达的研究和应用工作；大规模聘请和组织科学家以及技术人员；在人力和物力上给予充分保障；不遗余力地寻求击落敌军轰炸机的其他方法。其后数月，敌军对我国各港口与城市反复发起残酷的血腥轰炸，在此刺激之下，我们只能更加努力。接下来，我将阐述我军在三个方面的进展。根据战前防空研究委员会的共同研究成果，我对这三个方面特别感兴趣，并在林德曼博士的激励下，行使自身权力积极推进其发展。第一，密集发射导弹，用以加强我军防空炮火；第二，以长金属线将空投炸弹悬挂于降落伞上，并将其布置于敌军空袭部队的航线上，形成空中雷区；第三，研究出一种非常灵敏的引信，炸弹无须击中目标，一旦靠近敌机，就会自行爆炸。由于我们在这三方面耗费了大量的人力、物力和财力，如今必须对它们作简短的介绍。

其实以上这几种方法在 1940 年还未成形。至少一年过后，其运用才取得实际成效。等到我们准备将这些新设备和新方法投入战斗时，敌军的空袭却突然停止了，而且之后近三年都几乎没有再发动空袭。因此，批评家们往往会低估我们在这方面所做的努力，因为它们的价值只有在重大考验中才能得以证明。此外，我们在这方面的研究，从来没有对相同领域内的其他工作造成任何影响。

* * *

事实上，仅靠波束干扰是远远不够的。除非被我军的“海星”引诱火光迷惑，否则德军轰炸机一旦击中目标，很容易根据他们前一天晚上炸出的火光再次找到目标。所以无论如何，我们必须将其击落。因此，我们研发了两种新武器：火箭和空投炸弹。自从我军为高射炮安装雷达之后，只要敌机继续匀速直线飞行，我军就能准确预测敌机位置；但经验丰富的飞行员很少会这样驾驶飞机。他们当然会选择“之”字形或者“迂回”飞行，这就意味着：从炮弹发射到爆炸的二三十秒里，敌机早已离开预测射击点半英里左右了。

而解决方案就是在预测射击点周围形成大范围的密集火力网。最好是一百门高射炮一起开火，但前提是我们能生产那么多高射炮，而且有充足的人员能在合适的时间操控，这并非靠人力所能办到的。但我们有一个简单且经济的选择——火箭，当时为了保密，我们称其为“不旋转投射弹”。甚至早在战前，克劳博士还在防空研究委员会的时候，就已经研发出了两英寸和三英寸的火箭，发射高度几乎与我军的高射炮持平。虽然精确度稍差，但是三英寸的火箭弹头的威力比三英寸的高射炮弹头的威力要大得多。另一方面，火箭发射器还有一个极为重要的优势：它易于迅速地批量生产，不会为我军任务繁重的兵工厂增添负担。当时，我军制造了几千座火箭发射器以及数百万发火箭弹。弗雷德里克·派尔爵士是一位表现卓越的军官，曾在整个战争期间负责我军地面防空的指挥工作。他不像大多职业军人那样，对新发明心存反感，他很喜欢这种能增强其火力的新发明。他将这些武器变成庞大的炮兵部队，每个部队配备九十六座火箭发射器，由国民自卫队操作，它的密集火力将远超高射炮。

整个战争期间，我与派尔将军之间的合作日益密切。我发觉，他为人机敏，可委以重任。他在指挥火箭炮部队之余，还指挥别的军队，兵力最多时超过三十万，其中有男有女，还有两千四百门高射炮。扩充兵力的这段日子，他表现得非常优秀。如今，他的任务是：在保持炮火的威力前提下，尽可能从高射炮队的静态防御中抽调兵力，用妇女和地方志愿军替代正规军和技术人员。不过，这件事的详情我将在适当的时候再加以叙述。

科学家们的研究成果不仅对派尔将军的指挥工作帮助很大，而且随着战争的进行，也为一切战斗方案奠定了基础。在不列颠之战的昼间空袭阶段，高射炮部队共击落敌机两百九十六架，此外还可能破坏或损毁敌机七十四架。可是夜间空袭又为他们带来新难题，仅靠现有的探照灯和声波定位器无法克服，以致从 10 月 1 日算起的四个月里，我军仅击落了敌机约七十架。雷达的出现挽救了这个局面。10 月间，第一批用于指挥炮火的雷达投入使用，我和贝文先生几乎花了整夜的时间来观察其效果。直到 12 月，探照灯波束终于成功布置。然而，对这些装置的操作需要大量的训练和经验积累，而且装置本身也需要进一步的改进。得益于在以上广泛的领域所做出的巨大努力，我们终于在 1941 年的春天收获了丰硕的战果。

敌军对伦敦的最后几次空袭，发生在 5 月份的前两周，我军共击毁敌机七十余架，比入冬四个月来击落的敌机总数还要多。当然，在此期间，高射炮的数量有所增加。1940 年 12 月，我军共有重型高射炮一千四百五十门，轻型高射炮六百五十门；而等到次年 5 月，我军重型高射炮则达到了一千六百八十七门，轻型高射炮七百九十门，外加火箭发射器四十座。我国防空能力的巨大改善，不仅得益于科学家们的创新发明和技术改进，而且多亏了士兵们的有效利用。

*　　*　　*

到 1941 年年中，火箭炮部队终于大规模投入战斗，不过此时空袭已大幅减少，其威力很难得到证明。但在实际作战中，同样是击落一架敌机，所需的火箭弹并不比所需的高射炮炮弹多；但相比之下，高射炮不但贵得多，我军也非常缺乏。因此火箭本身效能很好，也是我军其他防空手段的有效补充。

不管是炮弹还是火箭，只有击中正确的位置，并在合适的时刻爆炸，才能生效。因此，还应努力在空中布雷，并将其布置于敌军空袭的航线上，形成空中雷区。这种炸弹不能装在炮弹里，而火箭的外壳较薄，容积更大，适合安装。因此，我军生产了大量的三英寸火箭弹，将其用七百英尺长的金属线悬挂于两万英尺的高空中，用以抵御敌军对伦敦的大规模空袭。相比于高射炮，这种雷区的优势在于它的杀伤力能持续一分钟之久。因为，不管机翼碰到金属线的任何位置，都会将炸弹拉起，直到炸弹碰到机身爆炸，而不需要像普通炮弹那样安装精确的引信才行。

当然，可以用飞机，或者简单地用小型气球运载火箭进行空中布雷。海军部强烈支持后一种方案。然而事实上，我军从未在战争中大规模使用火箭。其实，等到我们大批量生产火箭时，敌军的大规模轰炸已经停止。而且，令人惊奇却也十分幸运的是，在战争的后三年，德军竟没有运用这种方案来对抗我军对德国的大规模空袭。甚至仅需要几架布雷飞机就能在德国的任意城市上空布置空中雷区，不过空中雷区越多，我军的轰炸机损失量也会越大。

* * *

另外一个方面也十分重要，在 1940 年，对于我军的舰艇和重要工厂，俯冲轰炸机是个严重威胁。人们可能认为飞向舰艇的俯冲轰炸机很容易被击落，因为炮手可以直接瞄准，而无须考虑它的移动距离。其实飞机朝下俯冲时目标很小，因此很难直接命中，而炮弹上的触发引信只有直接命中才起作用。使用定时引信，使其准确地在掠过敌机时爆炸，也几乎是不可能的，因为 0.1 秒的时间误差就可能导致数百英尺的距离误差。因此，有种方法值得一试：制造一种引信，不论炮弹命中与否，只要抵达距离目标很近的地方，都能自动爆炸。

由于炮弹弹头几乎没有空间，因此弹头容积较大的三英寸火箭颇

具吸引力。1940 年，当我还在海军部就职时，我就竭力主张使用三英寸火箭。我军发明了一种光电电池，每当光线变化时，比如遇到敌机的影子，就会产生电脉冲。1940 年 2 月，我将其模型带到了内阁，并在一次内阁会议后向我的同僚们展示。当火柴盒从引信旁边抛过，指示灯的闪光清晰可见。包括张伯伦首相在内的内阁大臣们都聚在周围，对此印象深刻。但是，从简单的模型到大规模生产的光电设备，还需要一个漫长的过程。在生产光电引信这件事上，我们同样付出了很多，但是同样的，当我们可以大批量生产时，敌方已暂时失去优势地位，对我们的威胁已不那么严重了。

1941 年，我军试图再设计一种类似的近炸引信：当炮弹飞近敌机时，借助微型雷达装置引爆弹头。在英国，这种引信的初步试验非常成功。之后，我们将这方面的知识与美国分享，在此基础上，美国不但成功制造出这种引信，还大大缩小了它的体积，使整个装置不仅能放进火箭的弹头，甚至连炮弹的弹头也可以。这种美国制造的“近炸引信”，我们曾在战争的最后一年大规模使用，有效抵挡了 1944 年德军攻击我国的小型无人驾驶飞机（型号 V—1），以及太平洋上的日本飞机。

* * *

所以，“巫术战”的最后阶段，则是研制并改进我军反击德军所需的雷达，这些发明某种程度上得益于我军的战斗经验和防御努力。它们所发挥的重要作用，我将在后面进行阐述。事实上，从 1940 年 9 月起，我们还需再忍受九个月的轰炸与苦难，形势才有所好转。可以说此时，我们一方面与当前的危险进行卓有成效的斗争，一方面也密切关注着未来可能出现的转机。

第五章

FIVE

以基地换驱逐舰

向美国请求支援驱逐舰五十艘——洛西恩勋爵所起的作用——我们愿意把西印度群岛的基地租借给美国——反对就舰队问题进行讨价还价——总统的声明——最终提议——就英国舰队提出的保证

如前文所述，就任首相之后，我于5月15日向罗斯福总统发送第一封电报，恳请美国进行支援："希望暂借贵国四十至五十艘旧式驱逐舰，用以弥补英国从现在到新舰艇投入使用之前的缺口。这个舰艇新建项目开始于战争爆发之初，所以到明年这个时候，我们就有足够的舰艇了。但在此期间，如果意大利也参与进来，又用一百艘潜艇攻击我们，那么我军将可能濒临崩溃。"意大利向英国宣战之后，我于6月11日再次发送电报提及此事："当务之急是拿到贵国重新修复的三十或四十艘旧式驱逐舰，并迅速为其配备我军的潜艇探测器……接下来的六个月至关重要。"等到7月底，我军开始单独作战，攸关生死的空战也已拉开帷幕，敌军随时可能入侵英国，我不得不重申我的请求。总统的好意和难处我已非常了解，因此，每次在电报中，我都会选用坦率的词句，竭力向他说明：一旦英国沦陷，希特勒就会称霸欧洲，掌握欧洲所有的造船厂和海军。这样一来，美国将会陷入多么危险的境地！当然，应该会比我们毁伤程度轻一点。

* * *

从两国商讨此事的过程中，可以明显看出，由于我在6月间所发的电报中曾详述，如果敌人成功入侵并征服英国，将给美国带来多么

严重的后果，这引发了美国政府高层的重视。华盛顿要求我们向其保证：在任何情况下，英国都绝对不会将其舰队交给德国。对此，我们非常愿意郑重地做出保证。既然我们已经做好牺牲的准备，就更加不怕做出保证。但是，在德国随时可能入侵英国的前夕，在空战最激烈的时刻，我不想让德国人因知道我们曾经这样预想过而受到鼓舞。而且，截至 8 月底，我们的处境已大为改善：整个正规军重新整编，并大规模地进行重新武装；各地方军也积极投入战斗。我军不仅成功保卫了英国，而且重创了德国空军。6 月到 7 月间，我曾提出一些证据，证明我有充足的信心抵挡敌军的进攻，在 9 月到来之前，这些证据都得到了充分的印证。

*　　*　　*

此时，在华盛顿，我们有一位才华卓越且影响非凡的驻美大使——菲利普·克尔。早在 1919 年劳合·乔治执政时，甚至更早之前，我就已经认识他了。如今，他已经继承爵位，成为洛西恩侯爵。从凡尔赛到慕尼黑，以至最近的一些问题，我们大都意见不合。随着事态发展，形势日趋紧张，对于当前局势，洛西恩侯爵有了更加广泛的理解，目光也更为深远。法国沦陷之后，我曾多次向美国总统发送电报，提及了如果英国被敌人入侵甚至征服，英国舰队可能会遭受的厄运。洛西恩侯爵仔细推敲了这几封电报的深意之后，他敦促华盛顿的政府高层对这件事予以高度重视。而华盛顿的政府高层们对此都很震惊，他们不仅是为英国及其国家大业表示同情，自然更为美国的生存与安全深感忧虑。

6 月 4 日，我在下议院发表演说，结束时我曾这样说道：“我们绝不投降，即使我们整个岛屿或者岛屿的大部分都被征服并陷于饥饿之中——当然我从不相信这种情况会发生——我们在海外的帝国臣民，也会在英国舰队的武装和保护下继续战斗，直到上帝认为适当的时候。到那时，新大陆将会拿出它所有的力量来拯救和解放我们旧大陆的人

民。”对于这段话，洛西恩表示十分担心，因为他认为这些话会鼓励“这样一些人，他们相信即使大不列颠战败，它的军舰无论如何也会横跨大西洋，开到美国去”。读者应该意识到我在幕后所用的词句与此是完全不同的。当时，我立即向外交大臣和这位大使阐明了立场。

首相致洛西恩勋爵：

我演讲中的最后一段话当然主要是针对德国和意大利说的，他们如今非常讨厌大陆之战和长期战斗；同时也是对英联邦自治领说的，因为我们是他们的受托人。尽管如此，我也一直谨记你的话，并曾在致富兰克林·罗斯福总统和麦肯齐·金的多次电报中提及你的观点。如果大不列颠沦陷，一个亲德的政府可以通过交出英国舰队，换取相对宽松的侵略条款，那么德国和日本将会统治世界。当然，在国王的英明领导下，各部大臣绝不会做出如此懦弱的选择；但一旦吉斯林式的傀儡政府建立，这却会成为他们唯一的选择，总统先生应该铭记这一点。你也应该将此传达给他，以免美国人自以为凭借现行政策，就可以掌握大英帝国残余的武装。恰恰相反，他们如今正冒着巨大风险：美国的海军力量会被德国完全压制，那些令美国望而生畏的岛屿和海军基地，也一定会被纳粹占领。如果英国失败，这将会成为希特勒征服世界的大好时机。

希望以上各点能有助于你与美国的商谈。

1940 年 6 月 9 日

一个月过后，依然毫无消息。随后，大使发来了一封鼓舞人心的电报。据他（7 月 5 日或 6 日）所述，美国知情人士终于开始意识到，如果英国战事失利，而美国却继续保持中立的话，他们将有完全失去英国舰队之虞。然而，除非英国保证：当美国决定参战时，如果大不列颠战败，英国舰队或其残部将会跨越大西洋直接开往美国；否则，

想要让美国公众舆论考虑将驱逐舰借给我们，是极其困难的。

等到7月底，面临着不断增加的各方压力，我不得不又重新提及此事。

前海军人员致罗斯福总统：

自我上次冒昧以个人名义向您致电已有一些时日，期间发生了许多事情，好坏皆有。如今，我们曾向贵国所提出的请求已经变得非常迫切，恳请贵国将驱逐舰、汽艇和飞艇借给我们。目前，德国已经占据法国整个海岸线，随时可以派出潜艇和俯冲轰炸机袭击我国的贸易和食品运输船只。此外，除了时常要准备击退来自英吉利海峡和爱尔兰海峡的入侵威胁，我军还要应对挪威向爱尔兰、冰岛、设得兰群岛和法罗群岛发动的突袭。除此之外，我们还要控制地中海的各个出口，如果可能的话，掌控其整个内海，以防战火严重波及非洲。

虽然我们已经在制造大量的驱逐舰和反潜舰艇，但正如我前一封电报所述，在今后的三四个月里，我军的舰艇依然不足。近期敌人发动空袭，我军船舶再次遭受损失。最近十天来，我们被炸沉的驱逐舰分别是："布拉曾"号、"科德林顿"号、"迪莱特"号、"鹪鹩"号，受损的驱逐舰分别是："猎犬"号、"朔风"号、"光辉"号、"格里芬"号、"蒙特罗斯"号、"沃波尔"号、"怀特西德"号，共计十一艘。敌军入侵时，这种情况随时可能再现！事实上，驱逐舰很难抵御敌机的轰炸，但是它们又必须在空袭地区巡航，以防敌人从海上入侵。如果没有强有力的增援，我们将无法在当前的伤亡率下长期支撑，整个战争可能走向失败，而其命运却是由这个次要且易于补救的因素所导致的。

如今，我已将英国目前的处境坦率相告，我坚信，既然您已清楚了解我军的立场，定会不遗余力地确保立即将贵国

的五十或六十艘旧式驱逐舰运送过来。我们能够非常迅速地为它们安装潜艇探测器，以便在西部航道上对抗德国潜艇，进而保证我军能在英吉利海峡和爱尔兰海峡部署武器装备更好而且更加新型的舰艇，以抵御敌人的入侵。总统先生，我对您满怀敬意，特此向您说明：在漫漫的世界历史长河之中，这的确是当务之急。等到1941年，我们确实可以制造出大批舰艇，但危机在1941年前就会降临。我相信您将会为我们提供力所能及的帮助，不过我觉得我有资格也有义务向您说明当前局势的严峻性和迫切性。

如果贵国愿将驱逐舰借予我们，希望也能将非常有用的汽艇和飞艇一并借出。

我开始感觉到，如果我们能挺过接下来的三四个月，此次战争的胜利将大有希望。目前空战局势良好：我们不仅击退了敌军的空袭，而且对德国进行了轰炸，给希特勒以沉重打击。然而，我军驱逐舰却在敌军的空袭中遭受严重损失，没有能力再为大西洋上的运粮船和商船保驾护航。

最新一批运输步枪、大炮和弹药的运输船队将于今晚抵达。已有专车时刻待命，负责将这些武器运往部队和地方军队，他们也将会充分利用这些武器，奋勇杀敌。我深信，凭借您对海战的了解，您不会让我们因为缺乏驱逐舰而在此战争的关键时刻失利。

1940年7月31日

三天之后，我再次致电我们的驻美大使：

第二种方案，即同意把（本属于英国的）一些基地（转让）给美国，不过我们更愿意选择无限期的租借而不是直接卖出。不言而喻，这个方案能够确保我们立即获得美国的驱逐舰和飞艇。麻烦你转告诺克斯上校和其他人：英国同意以

上要求……正如你所说的，如今我们迫切需要驱逐舰，当务之急是迅速解决这个问题。一旦驱逐舰到手，我们需要大约十天时间给它们安装潜艇探测器，一切都已准备妥当。我们也应为美国海军准备一些潜艇探测器，协助他们进行安装，并为其讲解如何操作。请本着以上原则火速推进相关工作。

1940 年 8 月 3 日

对此，洛西恩勋爵与华盛顿政府进行了深入而急切的磋商。8 月的第一周，美国通过洛西恩向英国传达：美国目前有五十艘已修复的旧式驱逐舰停靠于其东部海岸的海军工厂，他们希望以此换取英国位于西印度群岛外加百慕大群岛上的一系列基地。然而，这些舰艇不但古老陈旧，而且效率低下；而美国一旦掌握这些海岛基地，将获得永久的战略安全，两者的内在价值难以相提并论。但是，德军入侵的威胁，英吉利海峡和爱尔兰海峡对大量舰艇的急需，使我军对美国驱逐舰的需求变得迫在眉睫。再说，这些海岛的战略价值是仅对美国而言的，因为在此之前，英国或者欧洲可以以它们为跳板攻击美国。而如今，再将空军实力考虑在内，这些海岛对于美国安全的重要性则更加凸显，因此其所有权必须由对其友好的国家或者他们自己掌握。目前英国的生存之战已经拉开，而美国的这个友好国家可能会在这场殊死之战中大败。正如我一直坚信的理念：英国与美国祸福相依。在我和我的同僚看来，将这些基地交由美国保管，对于我们而言，也有益处。因此，我并没有狭隘地仅从英国的视角来看待这个问题。

相比于我们对于驱逐舰的需要，或美国对于基地的需要，还有一个意义更为重大的理由，那就是：美国一旦将五十艘驱逐舰借给英国，这就构成一种明确的非中立行为。根据历史上的各种标准，德国政府就有理由向美国宣战。面对这个复杂的问题，德国人会选择很简单的对策，总统认为这种危险不会出现，我也觉得德国人压根儿不会做出这样的举动。因为依照希特勒的一贯方式，他会选中目标，逐个击破，这样才符合他的利益。他最不希望的就是在攻克英国之前再卷入对美

国的战争。然而，毫无疑问，美国在1940年8月将驱逐舰移交英国的行为，不仅使其更靠近英国，同时也更接近战争。在大西洋不断增加的非中立行为中，这是第一个对我们有利的，因为它标志着美国已从中立国转变为非交战国。虽然希特勒敢怒而不敢言，但正如我们即将看到的，全世界都了解了这一举措的重大意义。

基于所有这些原因，战时内阁和议会表示，如果我们能说服西印度群岛各相关政府愿意为了大英帝国做出重大牺牲，接受这个可能妨碍当地生活的政策，他们就会批准我们通过租借基地换取驱逐舰的方案。8月6日，洛西恩勋爵再次发电报表示，总统先生迫切希望能立即对英国舰队的未来归属给予答复。他希望能得到这样的保证：如果将来英国战败，英国舰队将在海外继续为帝国战斗，绝不投降或自行凿沉。据说，在驱逐舰的出借问题上，这是对于美国国会最具说服力的论据。他认为，目前完成该问题立法程序的希望，正在稳步增加。

我向外交大臣表达了我的个人感悟：

> 我认为，目前局势十分明了。我们无意让英国舰队投降或自行凿沉。实际上，这种命运更可能落在德国舰队或其残部身上。如今我国不能容忍任何有关“如果英国战败，我们将何去何从”的讨论。因为，目前民众士气如此高涨，在德国入侵的前夕，这种讨论可能不利于维持我军士气。此外，我们绝不能让美国有机会说“根据我们当初把驱逐舰借给你们时所达成的谅解或者协议，我们认为你们已经是时候把舰队开往大西洋对岸了”。
>
> 我们必须拒绝发表他们所提出的声明，交易的范围应仅限于殖民地的租借。
>
> 1940年8月7日

这时，我再次向洛西恩发送电报：

我们迫切需要这五十或六十艘驱逐舰，希望能够尽快拿到它们。在今后的三四个月里，美国采取任何措施都不能如此有效地帮到我们。正如你所知道的，我们十分乐意将西印度群岛的海军和空军基地设施无限期地租借给美国，我们之所以能坦然接受主要是基于英美双方在海军和陆军方面具有必然的共同利益。因此，如果诺克斯提出只要满足这种条件或类似条件，就会将之前要求的驱逐舰立即交与我们，我们将欣然接受。但是，此事与任何有关英国舰队将来如何处置的磋商或者声明毫无关系。显然，关于这个问题，我们绝不会发表任何声明，也绝不会同意美国发表的任何声明。我曾在致总统与你的密电中反复提醒：一旦敌人成功入侵大不列颠，建立吉斯林式的傀儡政府，英国接受有利于战后幸存居民的侵略条款，美国将会面临怎样的危险。我非常高兴地发现，美国已经意识到这些危险的严重性，你也绝不能将其弱化。美国对此深感不安是合乎情理的，但是我们无意缓解他们的焦虑。况且，就我们的立场而言，我们根本不能把英国沦陷放在台面上进行讨论。数周之前，我就曾告诉过你，任何有关英国舰队转移到美国或加拿大海岸的问题，我们根本没有理由进行讨论。我甚至也不允许任何参谋人员讨论这一话题，更不允许做任何的技术准备或计划。尤其重要的是，你应该意识到，我们绝不会为了获得驱逐舰或者类似武器而同意发表这种声明。请立即向美国表明：英国绝对不会在作战自由方面做出任何妥协，也绝不容许发表这种失败主义的任何声明，因为一旦这样做，其后果将是灾难性的。

尽管我在6月4日的演说中曾提到，我认为最好让德国人认清他们在无限期海战中的前景，但我们绝不接受任何中立友邦对此事提出的建议。当然，如果美国选择参战，成为我们的同盟国，我们定会与美国共同作战，在任何时期都主动与他们协商，采取最佳战略部署，直至最终彻底击败敌人。

你与总统先生进行第一次谈话的时候，就曾这样预言：当时你说，你敢断言，除非美国真正参战，成为英国的同盟，否则我们绝对不会把任何英国舰队送到大西洋对岸。

1940 年 8 月 7 日

我向总统发出的电报如下：

我相信，无须告诉您，当收到您的回复时我是如何的欢呼雀跃，当看到您为给予我们一切可能的帮助所做出的不懈努力时我是如何的感激涕零。您依然将会为我们提供力所能及的援助，因为您深知，您借给我们的每一艘驱逐舰的价值都是无法估量的。但是，我们同样需要您曾提到的鱼雷艇，也希望贵国能尽可能多的借给我们飞艇和步枪。我们有一百万士兵正等着步枪用来作战。

在此危急时刻，贵国政府及人民若能给予我们这些新的援助，在道义方面，其意义深重，我们也将无限感激。

您认为您与国会以及其他相关部门进行斡旋所必需的几点，我们都能照办。不过我相信，如果我说，美国必须保证毫无延迟地让我们拿到舰艇和飞艇，我们才愿意这么做，您也不会误解我的意思。当然，有关针对英国舰队的处置做出保证的问题，我准备重申我在 6 月 4 日议会演说中的观点。我们准备战斗到底，绝对没有人想要通过舰队投降或自行凿沉来换取和平。但是，当您引用我反复强调的这一保证时，请您谨记，如果它会使人产生一种错觉，即攻克大不列颠以及它的海军基地并非不可能，这对我们来说，将产生灾难性的影响；就你们而言，也可能产生类似影响。如今，我们的民众士气高昂，他们从未如此信念坚定。当然，上周的激烈空战势必大大增强了他们对战事的信心。有关海军和空军基地问题，我对您的提议欣然接受，因为对英国而言，租借九

十九年的确比直接购买更易接受。我坚信，英美双方一旦就原则问题达成协议，细节问题可以慢慢协商。当然，有关纽芬兰基地的问题，我们必须与纽芬兰以及加拿大政府进行磋商，毕竟这些地方也与加拿大利益相关。我们会立即征求他们的同意。

总统先生，请允许我再次感谢您对我们的鼓励与帮助，这对我们意义非凡。

1940 年 8 月 15 日

洛西恩认为这封回电恰到好处，他提到，目前总统正好有个机会，可以不经立法程序直接借给我们五十艘驱逐舰，但这还不确定。不过他认为，我们应当立刻派遣驱逐舰的船员到哈利法克斯和百慕大群岛。如果届时美国的驱逐舰已经准备妥当，却没有英国船员把它们驶回我国的话，这将会给美国留下极坏的印象。而且，如果我们的船员已经待命，这将有助于让美国国会意识到情况的紧迫性。

8 月 16 日，罗斯福总统在其记者招待会上发表如下声明："有关为保卫西半球，尤其是巴拿马运河而获得海军和空军基地的问题，美国政府正在与大英帝国政府进行会谈。同时，美国政府也会继续与加拿大政府就西半球的防御问题进行磋商。"

根据报纸报道，总统先生声称美国将会给英国某种东西作为交换，但是他还不知道具体会给什么。他曾不止一次地强调，有关空军基地的谈判，同驱逐舰问题没有任何关联。他还说到，未来的安排不会涉及驱逐舰。

*　　*　　*

因为要考虑到美国国会以及海军部门的意见，罗斯福总统当然要极力向其同胞说明这项交易对于他们而言非常有益：美国仅用几支老式的小型驱逐舰队，就可以换来这个危险时期的无限安全。事情的确如此，但对我而言，这样的说辞未必合适。这些领土已有多年历史，把其中任何一部分租借出去，都会令我国议会和政府内部大为愤慨；如果告诉民众这是一场纯粹的交易：用英国的领土交换五十艘驱逐舰，则一定会遭到激烈地反对。所以，我力图将这个交易放在最高水平上进行衡量，实际上我们也理应如此，因为它所呈现以及守护的是整个英语世界永久的共同利益。

经总统先生同意，我于 8 月 20 日将这个问题提交议会，我当时所讲的话，也许并未因为时间的推移而失去意义：

> 目前我们获悉，美国方面同样对他们在大西洋沿岸的空防和海防感到担忧；罗斯福总统近期也明确表示要与我们、加拿大自治领以及纽芬兰商谈有关在纽芬兰和西印度群岛建立美国海军和空军设施的问题。当然，这其中并不涉及主权转移的问题，这个问题根本从未提及，也不涉及不经各相关殖民地同意或者违背其意愿而采取任何行动的问题。不过，对英国而言，英王陛下政府完全自愿在租借九十九年的基础上，将防御设施移交美国，而且，我们确信，这个方案给我们带来的利益将不亚于美国，同时也保障了殖民地本身、加拿大以及纽芬兰的权益。这些都是重要步骤。毫无疑问，这个过程意味着英语世界的两大民主国家——大英帝国和美国，将不得不为了双方的共同利益，在某些事务中彼此合作、相互融合。就我个人而言，展望未来，我对这个方案没有任何疑虑。即使我想制止也无法做到，任何人都制止不了。就像密西西比河那样，一直滚滚南流。就让它奔流吧！这个方案会让各方受益，既然大势所趋、势不可挡，索性就让它如滚滚洪流奔腾向前，流向更广阔的土地和更美好的时代吧。

前海军人员致总统：

1. 对于您为我们所做的一切，我不胜感激。我从未想

过，英美两国在处理这种事情时还需要签订合同、讨价还价或是将其变成一桩买卖。事实上，我们已经在内阁会议上决定向贵国提供大西洋沿岸的海军和空军设施，但完全不以贵国提供驱逐舰或者其他援助为条件。我们的观点是：英美两国是患难与共的朋友，理应竭尽所能地彼此相助。因此，我们愿意为你们提供上述设施，不求任何回报；所以，即使您明天发现困难重重以至于不能移交驱逐舰，我们的提议仍然有效，因为我们认为这对英美双方都是有利的。

2. 如果我们在来往的电报中以任何的方式提议或者承认您将运送给我们的武器是用来偿还那些军事设施的，我认为这将很难解决，甚至充满风险。因为，人们一旦接受了这个观念，双方民众就会对彼此的得失进行比较。他们将会计算出这些武器装备和军事设施的货币价值，然后进行衡量比较。有些人会认为值得，有些人则持相反意见。

3. 此外，总统先生，正如您所熟知的，每个岛屿或者地区的情况各不相同。比如说，如果只有一个港口或者据点，区域该如何划分？利益又该如何分享呢？在这种情况下，我们愿意向您提出我们认为对双方有利的最佳方案，而不是争论不休，计较得失。

4. 只要我们的设施能确保你们的安全，只要大西洋沿岸的美国人感到安全，这就是我们所希望的。当然，如果贵国想要进行投资，取得更大进展，你们就必须获得长期租借的有效凭证。因此，无论是关于此事，还是英国舰队将来的归属，此刻我依然坚持我昨天在下议院发表的大致声明。所以，如果贵国将所需要的东西更加详细的罗列出来，我们会立刻回复哪些事情我们可以做到，然后我们的专家就会做出技术上以及法律上的具体安排。同时，关于您认为美国可以为英国提供武器援助的问题，我们完全相信您的判断以及美国人民的态度。贵国完全可以自主决定这件事，究竟怎样做取决

于贵国对这场世界战争的看法、这场战争对贵国自身利益的影响，以及要捍卫的东西。

5. 尽管最近几天空袭力度有所减小，我们各方面的实力也日渐增强，但我认为那个恶魔的拳头还没完全打出来。如今，在我们海上交通唯一的定期航线——西北航道上，我们的商船正在蒙受巨大损失。因此，如果贵国的五十艘驱逐舰能立即到来，这对我们将是莫大的帮助。

1940 年 8 月 22 日

这时，洛西恩发来电报说，萨默·韦尔斯先生曾告诉他，总统先生在宪法中所处的位置，使他“绝无可能”自愿地把驱逐舰作为礼物送给英国；它们只能作为“交换条件”借出。根据现行的法律，不管是海军参谋长还是海军总部都无法证明这些舰艇对于美国国防无关紧要，因此，除非能以他们可以证明有助于保障美国安全的措施作为交换，否则这些驱逐舰就不能合法转交。总统先生也曾设法另觅途径，但却一无所获。

前海军人员致总统：

1. 因为在宪法和法律程序上遇到了困难，您希望能够订立一份正式的书面合同，对此我完全理解；但是，请容我冒昧地向您阐述，在这个过程中，我预见到了种种困难，甚至是危险。我们曾将我们极度需要的武器明确列表，而如果我们想要获得这些武器，贵国提出的要求是：把“根据美国的判断而要求的”从纽芬兰到英属圭亚那的所有岛屿和地区不加限制地赠予美国。那假如我们不同意贵国专家的所有要求，岂不是会被指责我们已经拿到好处却破坏了你我之间的协议？在这项协议中，贵国的责任是有限的，而我们的却是无限的。尽管我们非常需要驱逐舰，但我们却不愿为此冒着被美国误解或者与美国产生严重争端的风险。如果为此事订立一份合

同，则必须明确规定双方的义务，而对我方义务的规定，必须比之前更加明确。但是，这样无疑会耽搁一些时间。

我曾多次指出，我们之所以需要这些驱逐舰，主要是为了弥补从现在到新舰艇投入使用这期间英国舰艇的缺口。这个舰艇新建项目开始于战争爆发之初，而且规模很大。比如说，到次年2月底我们就会验收以下舰艇：新式驱逐舰和新式中型驱逐舰二十艘；适于海上追击潜艇的轻型护卫舰六十艘；鱼雷艇三十七艘；反潜舰艇二十五艘；“费尔迈”式木制反潜巡逻艇一百零四艘；以及七十二英尺的汽艇二十九艘。在随后的六个月里，更大一批新舰艇也将会完工。所以，从9月到次年2月，也就是新的舰艇正在建造、准备投入使用的期间，贵国的五十艘驱逐舰对我们而言将是无价之宝。只要有了它们，我们就可以将西北部航道上的船只损失降至最低，也可以在地中海地区对墨索里尼采取强硬政策。因此，时间非常重要。在这种情况下，如果我们仅仅为了弥补舰艇缺口，就随意开出一张空头支票，允许美国使用英国在大西洋彼岸所有军事基地，这完全不合情理。尽管风险增加、困难重重，无论如何我们都希望自己能想方设法克服。在此，我已将我们的困难坦诚相告，相信您会予以理解。

2. 下面的方案不知是否可行？我将立刻提供一些非常明确划定界限的设施，以明确表明我们准备转让的范围，双方的专家可以针对这些设备以及其他设施的范围进行讨论；不过究竟我们会转让哪些设备，最终决定权还在我们。我们所做的这一切都是不求回报的，至于贵国是否愿意向我们伸出援助之手，就完全依赖于贵国人民的慷慨与善意了。不管怎样，英王陛下政府的既定政策就是向美国提供可靠而有效的设施以保护其大西洋沿岸地区，并在美国需要时及时移交给您。有关我们准备赠予贵国的军事设施，我已经指示海军部和空军部草拟了一份大纲，同时也为贵国的专家留有选择的

余地。我打算在两三天之内将这份概要发送给您，请在适当时机加以公布。这样，英美双方就不会发生争执，美国人民对待我们的态度也会更加亲善，因为他们将看到：我们是为了全世界的正义而战的，对于他们的安全和利益也非常关切。

3. 如果根据贵国的法律规定或者海军将领的要求，您选择给予我们的任何援助必须是作为“交换条件”送出，那么我就不明白英国政府为何非这么做不可了。难道您就不能说，除非美国以某种方式报答，否则您认为不便接受我们这份善意的赠予？这样海军将领就可以将援助和赠予这两者联系起来了。

4. 深知您一向是我们的挚友。对您一直以来的不辞劳苦，我仍不胜感激；而给您增添的种种负担，我也深感抱歉。

1940 年 8 月 25 日

前海军人员致总统：

1. 洛西恩勋爵已经通过电报将贵国希望获赠设施的大纲发送给我。我方的海军和空军专家也从你们的角度出发，对这个问题进行了研究，并得出了基本相同的结论。此外，他们还认为，安提瓜①可以用作飞艇基地，我们也非常欢迎贵国使用安提瓜。我们的既定政策是“万无一失”地确保美国大西洋沿岸地区的安全。“万无一失”是引自何人之言，您可能还记得。

2. 我们已经做好准备立刻根据这些要求向贵国提出明确的赠予，当然也会立即就细节问题与贵国进行协商。但是，基于我曾在上一封电报中所陈述的理由，如果我们的赠予与贵国的要求有所出入，我们并不希望通过仲裁解决，因为英国作为赠予方，必须在军事设施一体的框架之下，对于赠予

① 安提瓜，旧危地马拉城，位于北美洲。——译者注

的内容保留最终的决定权，并且始终基于这种谅解行事，即：英国将竭尽全力满足美国的需求。

3. 洛西恩勋爵所起草的两封致国务卿的信件，完全符合我们的意思。我们不同意公布第二封信的唯一理由是：我认为将来会让舰队或残余舰艇投降或者自行凿沉的，更可能是德国政府，而不是英国。正如你所了解的，他们毕竟已经这么实践过几次了。您应该还记得，几个月前，我曾在发送给您的私人电报中提到：我们和英国民众一致认为，这是一种懦夫行为。

4. 我们向贵国赠予设施之后，如果您认为可以将之前提到的“工具”或者其他合适的东西交给我们，这种行为就可以解释为：不是为了补偿或者照顾我们，而是承认我们对于美国的安全所付出的努力。

5. 总统先生，鉴于墨索里尼近期对希腊的威胁，驱逐舰问题的解决迫在眉睫。如果我们能够怀着崇高的善意，以远大的目光来解决这个问题，即使现在，我们也依然有可能挽救这个历史悠久的国家，使其免遭意大利的侵略与征服。未来的四十八小时也至关重要。

1940 年 8 月 27 日

首相致伊斯梅将军：

如果我们要以政府的名义将洛西恩勋爵所转达的罗斯福总统的要求公之于众，则必须选用第一人称。比如，“英王陛下政府对美国总统提出如下提议：‘我们已做好准备，将立刻本着友谊和善意会见贵国代表，以达成在以下岛屿提供有效的海军和空军基地的协议’”等等。

请根据以上精神为我拟定一份草稿，以便我能口述一封电报。请务必在今早之前将草稿交给我。

1940 年 8 月 27 日

现拟定电报如下：

英王陛下政府向美国总统提出以下提议：

我们准备本着友谊和善意会见贵国代表，以达成协议，租借以下岛屿九十九年，并建立海军和空军基地，具体如下：

纽芬兰	安提瓜
百慕大群岛	圣卢西亚
巴哈马群岛	特立尼达
牙买加	英属圭亚那

具体细节问题，容后敲定……

同时，我建议将如下电文公之于众，这是美国总统为了让我提出他所希望的保证而发给我的电报内容。

据悉，英国首相曾于1940年6月4日正式向议会宣称，在当前这场由英国以及英属殖民地参加的战争中，如果英国战舰没能守住大不列颠群岛周围的这片水域，英国舰队绝不投降或自行凿沉，而是会开往海外，以保卫大英帝国的其他地方。

美国政府郑重询问，上述声明是否代表英国政府的既定政策。

总统采用了这一版本，然后我向他发送了双方事先商定的答复，其具体内容如下：

总统先生，您向我询问，我于1940年6月4日向议会发表的有关英国舰队绝不投降或自行凿沉的声明是否“代表英王陛下政府的既定方针”。当然是的。不过，我认为这种假设的偶然事件更可能发生在德国舰队或其残部身上，而不是我们的舰队。

那么，一切问题便愉快地解决了。9 月 5 日，我通过谨慎的言辞正式通知下议院，并获得了他们的默许——实际上是一致认可：

> 我上次在议会的演说，就是英美两国之间这次重大交易的前兆。如今，这项交易已经完成。就我理解而言，英美两国人民普遍对此感到满意，全世界的朋友也因此受到鼓舞。请不要尝试深究两国政府间的官方照会，过度挖掘表面意思以外的东西。我们之间的这种交流只是两个友好国家本着信任、同情和善意的态度，而采取的相互援助措施。这些措施结合起来，形成了一个正式协议。因此，必须按照它所体现的精神来进行理解。只有那些非常愚昧无知的人才会认为，美国把驱逐舰转交英国，至少违反了国际法，或者至少影响了美国的非交战状态。
>
> 毫无疑问，我认为希特勒先生不会喜欢美国将驱逐舰移交英国。我也相信，他只要一有机会，就会对美国开展报复。所以，我很高兴看到美国的海、陆、空防线已经沿着一条宽阔的弧线延伸至大西洋海域，使其可以在远离本土几百英里的地方就能将危险扼杀。海军部也曾向我们表示，他们热切盼望着这五十艘驱逐舰的到来，以便弥补舰艇缺口，正如我之前向议会说明的，根据我们的战时计划，在新建的大批舰艇投入使用之前，这个时期是不可避免的。
>
> 我觉得议会已经意识到，明年英国的海军实力将会比现在要强大得多，即便是现在，我们的力量也足以应对当前的战事。我们应该毫不迟疑地将美国的驱逐舰编入现役的舰队。事实上，英国的船员已经在驱逐舰将会抵达的各个港口待命。你可以称之为意外的巧合。此时此刻，对于整个事情，我实在想不出还有什么可说的了。如今并不适合玩弄辞令。但是，

> 请允许我郑重地向议会提一个建议：当你如愿得到所需之物时，请最好顺其自然，而不应多加追问。

因此，我们如愿得到了美国的五十艘驱逐舰，也将在西印度群岛和纽芬兰所划定的海军和空军基地的租借权赠予美国，为期九十九年。我向总统提出保证，并再次重申：英国舰队绝不投降或者自行凿沉。我认为这是一种平行交易，一种基于它们的优点而不是讨价还价而进行的善意行为。总统也发现，将这两者作为一个整体议案提交给国会，反而更容易通过。我与总统之间并无矛盾，两个国家也都感到满意。这件事情对整个欧洲影响深远。

第六章

SIX

埃 及 与 中 东

墨索里尼准备入侵埃及——我们心悬两地的忧虑——意大利在北非的兵力——向埃及边境集结军队——肯尼亚前线——地中海的捷径——运输坦克必须绕航好望角——从海上切断意大利海岸公路的计划——尼罗河集团军的集结——索马里插曲——令人苦恼的挫折——意大利向阿尔巴尼亚增兵

看到法国沦陷，而英国又在本土为生存苦战，墨索里尼可能认为他那统治地中海以及重建古罗马帝国的美梦即将实现，因此开始蠢蠢欲动。墨索里尼曾为入侵埃及组织了一支大军，现在鉴于他不用再费神抵御突尼斯的法国人，他便可以再度扩充这支军队了。当前全世界的目光都集中在英伦三岛的命运、入侵德军的集结以及英德两国争夺制空权的这场好戏上。当然，这的确是我们的当务之急。许多国家认为我们在苟延残喘。我们的盟友既钦佩我们自信而坚定的态度，也觉得我们并没有牢固的基石来维系这种表面上的自信。尽管国内战事吃紧，战时内阁依然决定从中节省各种资源，用以帮助埃及抵御外敌侵犯。海军部宣称，由于空袭威胁，船只无法在地中海地区航行，甚至连军事运输船队也是如此。所有船只必须绕道好望角，局面变得更加艰难。这样一来，不仅不利于不列颠之战而且也无助于埃及之战。当时大家都表现得十分镇定且愉快，可是事后回顾这段历史时却是惊觉而后怕的，这可真是匪夷所思。

* * *

1940 年 6 月 10 日，意大利主动向英法宣战。据当时英国情报机构

估计——现如今我们知道这一估计是正确的——除了在埃塞俄比亚、厄立特里亚和索马里的驻军之外，意大利还在北非沿海各省共集结军队二十一万五千人，具体分布如下：在的黎波里塔尼亚共有六个正规师和两个民兵师；在昔兰尼加共有两个正规师和两个民兵师，再加上边防部队，相当于三个师，共计十五个师。而英国驻埃及的兵力有第七装甲师、第四英印师的三分之二、新西兰师的三分之一，以及十四个英国营和两个皇家炮兵团（尚未形成更高级别的编制单位），共计约五万人，用以守卫西部边境以及保护埃及的内部安全。因此，在埃及的战场上，我们是以寡敌众，而且意大利拥有的飞机也远比我们多。

七八月间，意大利在多个地方采取积极行动。苏丹深受威胁，唯恐意大利从卡萨拉沿白尼罗河向西进攻其首都喀土穆。肯尼亚惶恐弥漫，生怕意大利远征军从埃塞俄比亚向南行军四百英里攻入塔纳河和其首都内罗毕。此外，更有大批意大利军队向英属索马里前进。但是，与意大利入侵埃及相比，所有这些担忧都微不足道。显然，意大利正准备以最大规模的兵力进攻埃及。最近一段时期以来，墨索里尼不断向其东面的埃及调集兵力。甚至早在战前，意大利就沿着利比亚海岸修建了一条宽阔的公路，它以的黎波里的重要基地为起点，经过的黎波里塔尼亚地区和昔兰尼加地区，最终到达埃及边境。数月以来，意大利多次利用这条公路进行军事运输，并逐渐在利比亚沿岸的班加西、德尔纳、托布鲁克、拜尔迪耶以及塞卢姆等各港口城市建立大型军火库，并储备了充足的武器弹药。这条公路长度超过一千英里，沿途皆是意大利的驻军和补给站，宛若串于细绳上的粒粒珍珠。

在这条公路靠近埃及边境的一端，意大利不动声色地集结并部署了一支配有大量现代化装备的军队，共计七八万人。这支军队的前面，是其进攻的目标——埃及；它的后面，则是返回的黎波里的漫长公路；而再往后，就是大海！如果这支经过日积月累而组建的军队能够继续向东，所向披靡，一举战胜所有企图阻拦的力量，那么它的前途将无限光明。如果这支军队能进一步掌控尼罗河三角洲，那么它将无须再担心退路。然而，另一方面，如果厄运降临，那么能够生还的人也将

寥寥无几。因为截至秋天，野战军和沿海的各大补给站已经集结了至少三十万意大利军人，即便不受我军干扰，他们也只能逐步或者分批撤退，这就需要数月才能完成。而且，如果这支军队在埃及的边境之战中失利，如果他们的前线崩溃，如果他们没有任何喘息之机，那么他们将全军覆没，要么成为俘虏，要么战死沙场。然而，在 1940 年 7 月的时候，谁将在这场战争中占得上风，我们还无从知晓。

当时，我军最前线的防御据点位于马特鲁港兵站，从那里向西有一条通往西迪巴拉尼的宽阔公路，但从那里到边境塞卢姆，却没有任何公路能够保障在边境附近长期维持大量兵力。于是我们从精锐的正规部队中抽调人手组成了一支小型的机械化掩护部队，包括：第七轻骑兵团（配备轻坦克）、第十一轻骑兵团（配备装甲车）和第六十步枪旅的两个汽车营以及皇家摩托化骑兵的两个团；并且还下达指令，一旦战争爆发，他们应立即攻击意方的边防据点。因此，第十一轻骑兵团在二十四小时之内跨过边界线，在意军尚未听到宣战消息时，出其不意地对其展开突袭，并成功将他们俘虏。次夜，即 6 月 12 日晚，第十一轻骑兵团获得同样的胜利；6 月 14 日，他们与第七轻骑兵团以及第六十步枪旅的一个连合作，共同攻克了卡普措和马达莱纳的边境堡垒，成功俘虏了意军一百二十人。16 日，他们加大突袭力度，在从托布鲁克通往拜尔迪耶的公路上击毁坦克十二辆，截击了一个运输队，并俘虏了一名将军。

在这场规模虽小但颇为激烈的战争中，我们的军队自认为占据优势，很快就会成为沙漠的主人。在遇到敌军的大型部队或者设防据点之前，我军如入无人之境，想去哪里就去哪里，还能在与敌人的激烈交战中缴获战利品。但是，当双方的大军针锋相对之时，情况就完全不同了：我方只控制了当前占领或者休息的地方，而其他区域全在对方的掌控之中。布尔战争也有过类似的经历，那时，布尔人可以随心所欲任意驰骋，而我们却只能在营地火力覆盖区域内活动，这点活动区域简直是弹丸之地。

这时，敌人从西部调动的兵力日益增加，等到 7 月中旬，他们已

经利用两个师以及另外两个师的部分兵力重建了边界防线。8 月初，我军的掩护部队由第七装甲师的支援部队接班，其中包括：第三科尔德斯特里姆警卫队、第六十步枪旅的第一团、第二步枪旅、第十一轻骑兵团、第六皇家坦克营的一个中队以及皇家骑炮兵的两个机械化炮兵中队，其中一个中队配备了反坦克炮。在长达六十英里的战线上，这支小部队继续同敌军作战，战果不断增加。据公布，在战争的前三个月里，意军的伤亡人数约三千五百人，其中七百人被我们俘虏；而我方的伤亡损失不超过一百五十人。因此，在意大利向大英帝国宣战的初期阶段，战事从一开始就利于我方。

*　　*　　*

根据以韦维尔将军为首的中东司令部的提议，我军应在马特鲁港的防御据点附近静候意大利的袭击。在我们能够集结一支军队之前，这是唯一可行的办法。因此，我提议应完成以下任务：一、尽可能集结最大兵力以应对意军的入侵。为此，我们必须在许多其他地方冒险。对于军事当局默许分散兵力的行为，我感到十分痛心。我们确实需要在喀土穆和青尼罗河加强兵力，才能加固对意属埃塞俄比亚的防御；但是将两万五千人——包括南非联邦旅和精锐西非军队的两个旅——闲置在肯尼亚，其意义何在？肯尼亚位于塔纳河以北，我曾在 1906 年去过这个国家的一些地方，那里风景宜人，但是粮食不足。因此，那些认为意大利会携带大炮和现代化装备，不惜跋涉四五百英里到达内罗毕的想法，听起来实在可笑。肯尼亚前线后面就是乌干达宽轨铁路，更何况我们还控制着地中海，既可以通过海运也可以通过铁路来调动军队，而敌军只能依靠陆上运输，双方实力简直是天壤之别。为了有效利用我们在交通方面所占据的优势，我们在与意大利远征军作战时，完全可以尽可能接近内罗毕以及宽轨铁路。因此急需大量军队的地方并不是肯尼亚，而是尼罗河三角洲。在所有地区都设立防线的这个观点并不明智。在与其进行了长时间的激烈抗争后，指挥部才终于采纳

了我的部分建议。

我也曾不遗余力地从新加坡抽调兵力，并将已经抵达那里的澳大利亚师首先调到印度受训，然后又将他们派往西非沙漠地带。而巴勒斯坦的情况却大不相同。我们有众多精锐部队散布在巴勒斯坦，其中包括：一个澳大利亚师、一个新西兰旅以及我们自己选择的义勇骑兵师，他们全部配备或者即将配备装甲汽车；皇家骑兵团，他们仍然骑马，但也渴望配备现代武器；充足的行政人员。我想要把特拉维夫的犹太人武装起来，因为只要有适当的武器，他们就会同一切入侵者进行顽强抗争。在这一点上，我却受到了各种阻碍。我心心念念的第二个任务是，要保证地中海能自由通航，才能与虚弱的意大利进行斗争，才能抵御严峻的空袭，进而确保马耳他能固若金汤。在我看来，最重要的是确保军用船队，尤其是运送坦克和大炮的船队，能够取道地中海，而不必绕道好望角。如果这一目标能够达成，冒再多的风险也是值得的。因为，如果把一个师从英国绕道好望角运往埃及，那么这个师在三个月内将不能参加任何战斗；但是，三个月的时间是非常宝贵的，更何况我们拥有的军队数量也很少。最后的任务是，保卫我们这个岛国。而如今正被德国入侵直接威胁的我们，究竟又能从英国本土或者殖民地抽调多少兵力来支援中东呢？

*　　*　　*

正如我在电报以及备忘录中所传达的，从 1940 年 7 月开始，我就越来越担心中东的局势。我始终记挂着意大利修建的那条漫长的沿海公路。我想派一支强有力的轻型部队从海上登陆，将其切断。只可惜那时我们还没有合适的坦克登陆舰，当然那时没有是正常的。不过其实我们应该可以研制出一种工具来支持此次行动。如果这一行动能够与一场大战同时展开，便能够有效地分散敌军前线的兵力。

首相致伊斯梅将军，转参谋长委员会：

有关从利比亚调集大量兵力前往埃及边境，以期能够切断敌人赖以运送和供应各种资源的沿海公路的行动，是否已经完成相关计划？如果我们能够从精锐部队中调动几个旅，攻下敌人交通线上的某个城镇或者其他合适的据点，再联合海军的力量，就可以长期对敌军进行干扰，吸引敌人大量火力之后撤离，然后继续突袭其他据点。当然，只有敌军的大部队已经经过了截击点，这种行动才能奏效。也许沙漠本身就能自由地为敌人运送和供应各种资源，对此我倒持怀疑态度，因为如果情况果真如此，意大利人何苦还要费力修建这条长长的公路呢？

1940 年 7 月 10 日

至于当时何以未能制订一个妥善的计划，我迄今仍不明白。然而事实上，不管是在中东还是在突尼斯的司令官们，我都未曾说服他们做此尝试。但是，在 1943 年攻克西西里的战斗中，巴顿将军曾成功开展了几次类似的迂回行动，并且因此占据了一定优势。直到在 1944 年登陆安齐奥的行动中，我才将此试验成功付诸实践。当然实践的规模要大得多，尽管当时登陆成功，但却未能取得我们所预期的决定性战果。不过，那又是另外一件事情了。

*　　*　　*

对于中东的战局，我迫切希望那些战争经验丰富且深切关注这一战场的大臣们能够积极地进行探讨。

首相致爱德华·布里奇斯爵士：

我认为，最好的办法是将陆军大臣（艾登先生）、印度事务大臣（艾默礼先生）以及殖民地事务大臣（劳埃德勋

爵）召集起来，成立一个小型的部长级常务委员会，共同商讨中东的战争行动（这与他们都息息相关），并且就国防大臣应向内阁提出哪些建议的问题，给我提供一些忠告。可否请你对此进行适当的安排？陆军大臣已经同意担任主席。

1940 年 7 月 10 日

艾登先生向常务委员会汇报了中东地区缺乏军队、设备和物资的现状，对此，大英帝国总参谋长也同样感到不安。该委员会强烈要求对目前已经进驻埃及但实力远远不足的装甲师进行全副武装，并且建议一旦国内形势缓和，应尽早抽调兵力向埃及派遣第二个装甲师。参谋长委员会赞同这些结论，帝国总参谋长认为派兵的时间必须选在国内危险减少而埃及危险增加的时候。7 月 31 日，艾登先生认为在未来几周内，我们能够抽调一些坦克支援埃及，但如果打算在 9 月底之前将其运到中东，那么这些坦克和其他装备的运送则必须取道地中海。尽管德国入侵我国的形势日益紧张，但我完全支持这一提议，并且多次将这一令人为难的抉择提交议会。

中东战局的其他方面也令我十分担心。

首相致伊斯梅将军：

南非联邦旅总数为一万人，这些人现在何处？为何不参加中东地区的战斗？今天，我们已经同意再派“旋风”式战斗机和其他新型飞机，用于进一步增援南非空军。中东战役的配合情况如何？我近期成立的部长级常务委员会做了哪些贡献？如今，既然我们已经打算在地中海地区进行大规模海战，那就更有必要想尽一切办法强攻埃塞俄比亚的意军据点，以配合海战的进行。请务必递交当前局势的报告，以保证我能在周四早上之前加以思考。

1940 年 7 月 23 日

关于利比亚沙漠地区亟须解决的重大事项，我觉得迫切需要与韦维尔将军进行商讨。在此之前，我还未曾有缘见过这位重任在肩的杰出军官，于是在我的要求下，陆军大臣邀请他能回国一周，做些商讨。他于8月8日回国，与参谋人员进行了反复讨论，并与我和艾登先生多次促膝长谈。当时，中东司令部的工作掺杂着极其复杂的军事、政治、外交和行政等问题。经历了一年多的曲折后，我和我的同僚们才领会到：要想处理好供应问题，就必须明确划分总司令、国务大臣以及殖民地行政长官三者之间在中东地区各自应尽的责任。虽然我对韦维尔将军行使物资支配大权并不完全赞同，但再三权衡之后，我认为最好还是由他来控制。我欣赏他的优秀品质；况且大家都对他充满信心，这一点令我印象深刻。

这几次商谈，无论是口头讨论还是书面交流，都是非常严肃的。我像往常一样，把我的情况用白纸黑字记了下来。

首相致伊斯梅将军，转韦维尔将军：

我非常感激你能就埃及和索马里的局势向我做出详细解说。我们还要讨论一下肯尼亚和埃塞俄比亚的局势。我曾经提到，你在肯尼亚所领导的那支强大军队，包括：六千南非白人所组成的联邦旅，可能是目前仅存的适合在幅员辽阔的国家作战的优秀部队；人数不少于两千人的东非移民部队，已经完全适应了这个国家；六千人组成的两个西非旅，是历经重重困难从西海岸运送过来的；英王非洲步枪团的至少两个旅；共计至少两万人，也可能更多。当中东或者许多其他地区的命运始终取决于亚历山大港或者苏伊士运河的战争时，为什么要让这支军队闲置于肯尼亚，只等着意大利从埃塞俄比亚向南克服重重困境、长途跋涉前来侵犯？又或者准备让这支军队克服类似的困难去进攻埃塞俄比亚呢？

当然，对于当地确切的情况，我并不了解。但是我认为合理的部署应该是安排东非移民部队和英王非洲步枪团驻守

肯尼亚，以牵制意军的南侵，因为通过海上运输军队远比意军陆上行军要容易得多，我们始终可以出其不意地迅速进行增援。那么，就可以立刻将南非联邦旅和两个西非旅转移到尼罗河三角洲，使你能在决定性战场的决战时刻获得最具价值的增援。制海权不就是帮我们将部队从一个战场迅速转移到另一个战场吗？我确信自己能够说服史末资将军批准调动南非联邦旅。由于时间紧迫，希望你能在明晚之前，告诉我你对此事的看法。

1940 年 8 月 10 日

首相致伊斯梅将军，转韦维尔将军：

1. 对于将南非联邦旅和西非旅闲置于肯尼亚的安排，我颇为不满。因为依据当前部署，这些部队将无法在埃及、喀土穆和索马里的关键战役中发挥任何作用。当某个地方正在决一死战时，大批的部队却被闲置于其他地方，这一直被认为是军事行动的致命伤。有关南非旅迄今为止从未经过训练，因此不能投入战斗的论断，没有进一步情报证明之前，我无法接受。在战争爆发之前，纳塔尔卡宾枪部队接受的训练就已经比英国地方自卫队要好得多；而且他们好像是在宣战之后才成立的。所以，我不明白为什么会认为南非联邦旅无论如何都比不过英国地方自卫队。不管怎样，他们当然够格与意大利作战。我已经要求相关部门提供有关两者组织和训练的详细资料。

2. 我认为，驻守巴勒斯坦的大批部队未能得到合理利用。当前形势的关键在于能否有效武装殖民地的犹太人，使他们能够自己承担防守的责任，以便在必要时只需要调用少量英国兵力就能保卫整个巴勒斯坦。应提议立刻抽调包括义勇骑兵师在内的大部分驻军。我不明白，澳大利亚和新西兰部队已经在巴勒斯坦受训了至少半年，如今却只能调动一个

旅前往埃及作战。他们中有多少人在巴勒斯坦？而训练的情况究竟如何？我们花费了大量的财力和物力才将他们从澳大利亚运到巴勒斯坦，作为支援欧洲作战的第一批志愿军。其中许多人早已受过军事训练，而且自战争爆发后，又接受了接近一年的训练。如果因为我们部署不当，这支重要军队中最终只有一个旅参加保卫埃及的决定性战斗，那将是莫大的耻辱！

3. 毫无疑问，这两个西非旅可以通过苏丹港运往喀土穆。把来自各国当地的军队进行混编的做法的确非常高明，因为他们彼此之间可以相互监督。应立即将这两个旅派往苏丹，一旦到位，英印师就可以立即投入埃及或者索马里战役之中。我不理解，如果这两个旅只是用来驻守肯尼亚的，又何苦把他们调出西非呢？

4. 请向我报告肯尼亚境内达到服役年龄的白种人移民的现状。我们是否应认为他们还没有组建地方军队来守卫自己的领土呢？如果真的没有，那就让他们越早认识到自己的处境越好。目前为了增援埃及，我们正面临着巨大的危险和困难，因此除了这些移民和英王的非洲步枪团，任何部队都不应留驻肯尼亚。值此关键时刻，我们怎能允许不对当地部队做出最大限度的利用。

5. 关于驻守尼罗河三角洲的两个英国师的情况，请向我提交详细报告。如果单从各师的情况考虑，将可能引起误解；但也不能以还未装备齐全为借口，不调动这些精锐的正规部队。

6. 据说敌人的装甲部队和装甲车辆在沙漠上行动如同在沿海公路上一样自如，当然这种观点还需进一步核实。这有可能是指履带车辆，不过如果硬要让这种车辆在多石、松软的沙漠上进行长途行驶，则将会遭受严重损伤。除非安装了沙漠专用的特种印度橡胶轮胎，否则在沙漠中任何车辆都会

受到阻碍。意大利的车辆是否有此装备？装备的程度如何？

7. 关于如何将我们不需要的水井和水源长期“污浊化”，是否已做好相关安排？对于在废弃道路上埋设地雷的工作，是否已经备好充足的延时引信？请务必准备延时最长的引信，即至少能延时两周的（但我希望能延长更久），并用第一艘途经埃及的船运送过去。当我们放弃柏油路时，是否可以通过重油的化学作用或者其他方法破坏沥青路面，也请进行相关检测。

8. 有关中东所有部队，包括波兰和法国的志愿者以及援兵，请向我提交一份完整精确的报告。

我会在今晚与你商谈以上各点。

1940 年 8 月 12 日

* * *

8 月 10 日，在艾登的强烈支持下，迪尔在与参谋人员进行了讨论之后，向我写信汇报了陆军部有关埃及战场的相关安排，以下各部队将立即被派往埃及：一个巡逻坦克营（配备坦克五十二辆）、一个轻坦克兵团（配备坦克五十二辆）以及一个步兵坦克营（配备坦克五十辆）。一起运往埃及的还有：反坦克炮四十八门、博福斯式轻型高射炮二十门、发射二十五磅重炮弹的野战炮四十八门、布朗式轻机枪五百挺、反坦克步枪二百五十支以及必要的弹药。一旦装载完毕，将会立即出发。唯一需要解决的问题是：究竟是绕航好望角还是直接取道地中海。对此，我极力敦促海军部直接取道地中海（之后的章节将进行详述）。关于这一点，我们进行了多次探讨。与此同时，内阁批准派遣这支装甲部队上船启程，至于选择哪条航线，留待船队驶近直布罗陀时再做定夺。所以，在 8 月 26 日之前，我们还有选择的余地，届时对于意大利进攻的迫切程度，我们将有更多的了解。事不宜迟，我们必须打起精神才能应对这场攸关生死的危机，值此紧要关头，我们增援

驻埃及军队的决定具有重要意义，也符合当下形势所需。此时所有人都表现得很果决。

*　　*　　*

以下指示是我们经过反复研究、共同探讨，并由我最后拟定的。对此，内阁同参谋长委员会未做任何修正而直接予以批准了。

首相致陆军大臣及帝国总参谋长：

给中东总司令的总指示

1. 如今，敌人随时可能从利比亚向埃及发起大规模入侵。因此，我们应尽量将更多的部队集结和部署在西部边境及其附近地区。所有政治和行政问题的解决都应以此为前提。

2. 在敌军的逼迫下，我们无奈撤出索马里，但这毫不影响我们的战略灵活性。目前的最佳方案可能是将所有原驻索马里或准备调到索马里的部队全部调往亚丁，或途经苏丹港调往苏丹，或者调到埃及。

3. 肯尼亚的防卫必须给保卫苏丹让路。在埃及和苏丹的危机度过之后，而意大利的远征军抵达塔纳河之前，我们应该有时间通过海上或者铁路增援肯尼亚。而且，我们的支援总会比意大利从埃塞俄比亚或意属索马里调兵要快些。

4. 因此，应立即将两个西非旅或两个英王的非洲步枪团派往喀土穆。我正向史末资将军提出要求，请他准许整个南非联邦旅或者其大部分兵力调往苏伊士运河区以及尼罗河三角洲，以期维护埃及治安。同时应安排他们继续受训。有关在印度洋和红海运输的可能性，我正要求海军部提交相关报告。

5. 鉴于在占领意属索马里之后，意大利可能会增加对红海的空袭，加强亚丁地区的空防变得尤为重要。

6. 如今在巴勒斯坦整装待命的两个旅——一个正规军旅以及一个澳大利亚旅——应立即出发前往尼罗河三角洲。一旦他们为野战做好准备，或者为国内治安组织妥当，就能为后备部队的调动清除巴勒斯坦的交通障碍。

7. 然而，应安排三个或者四个英国骑兵团立即接管苏伊士运河区的防务，那么原先负责的三个正规营才能得以脱身，成为三角洲野战集团军的总后备队。

8. 所以，剩余驻守巴勒斯坦的六个澳大利亚营（也）可以在接到通知五天之内赶到尼罗河三角洲，负责埃及的国内治安或者完成其他紧急任务。如果方便的话，那个波兰旅和法国志愿者部队也应从巴勒斯坦开往三角洲，加入总后备队。

9. 那个英印师目前要么在登船要么尚在途中，他们应尽量加速调动。因为我们已经派了刚从索马里撤出（在亚丁又用不上）的军队以及来自肯尼亚的增援部队驰援苏丹，一旦这支军队的驰援力度不够，我们会急需这个英印师，所以他们应该马上赶赴苏伊士，加入三角洲集团军（其后改名为尼罗河集团军）。除此之外，尽管我国炮兵是通过马车行进的，至少也应调集三个英国炮兵营，立即从印度登船前往苏伊士。海军部将负责安排运送。

10. 上述派遣工作的绝大部分应在9月15日至10月1日之间完成，在此基础上，三角洲集团军由以下部队组成：

（1）驻守埃及的英国装甲部队。

（2）驻守马特鲁港的四个英国营、亚历山大港的两个营以及开罗的两个营，共计八个营。

（3）来自苏伊士运河区的三个营。

（4）来自巴勒斯坦的英国后备旅——共有十四个英国正规步兵营。

（5）新西兰旅。

（6）来自巴勒斯坦的澳大利亚旅。

（7）波兰旅。

（8）东非联邦旅的部分军队。

（9）目前位于马特鲁港后方的第四英印师。

（10）尚在途中的新英印师。

（11）即将抵达苏伊士的特遣部队——共计一万一千人。

（12）目前已在中东或者已从印度启程还尚在途中的所有炮兵以及一百五十门大炮。

（13）可用于野战的埃及军队。

11. 上述部队最迟应在10月1日之前编为三十九个营，包括装甲部队，共有五万六千人和两百一十二门大炮。其中不包括国内治安部队。

12. 海军部从英国抽调一个装甲旅，其中有三个坦克团，我希望他们被送到中东时，取道地中海。如果做不到，只能绕道好望角，那么他们可能在10月的前两周才会抵达。我们迫切需要这支部队于9月份抵达中东，因此即使要冒着巨大风险运送也是值得的。

13. 必须以最快速度完成马特鲁港防御工事的修筑。原先由三个埃及营负责防守的扇形区域，其防务工作必须由三个英国营接管，才能实现兵力的均衡分配。即使埃及政府想要把这三个营装备的大炮撤走，我们也要这么做。同时，我们必须与地中海舰队的海军总司令共同研究：一旦敌人在向三角洲行进时途经马特鲁港，我们是否能够从海上进行支援，从而切断敌人的交通线。或者，袭击塞卢姆港或者更偏西的交通据点，也不失为一个好办法。

14. 必须对马特鲁港到亚历山大港防线上的一切水源进行“污浊化”处理。关于这一点的特别提示，可详见附件。不要试图留下少数部队以保护这一区域内靠近海岸的水源。必要时，应将第四英印师撤到亚历山大港或者从海上撤走。我们一旦选择放弃从塞卢姆港到马特鲁港的公路，尤其是从

马特鲁港到亚历山大港的柏油路，则必须使用延时地雷或者通过化学方法破坏其沥青路面，使之无法通行。

15. 必须从亚历山大港出发，沿着耕作地带的边缘和三角洲的灌溉渠道构筑一条重要防线（其实很早之前就应这么做了），并由整个三角洲集团军以及其适当部署的后备部队负责守护。为此，必须用混凝土和沙袋在海岸到耕作地带以及主要灌溉渠道之间修筑工事和碉堡，防线前面的管道敷设工作也应尽快完成。对于各种坦克，尼罗河三角洲是最有效的屏障，通过简单修筑沙袋工事不仅能保卫埃及，而且还能成为亚历山大防线的强大侧翼。同时，应该通过阿斯旺控制水位，利用尼罗河的洪水，形成四到五英里宽的积水地带，并在其中或者其后修筑一系列坚固据点，并为它们配备大炮。

16. 三角洲集团军将坐等意大利的入侵，可以肯定，敌人将会大举进攻，而他们受到的唯一但却严重的限制就是——水和汽油的供应问题。除非能及时从英国国内抽调装甲兵团增援埃及，否则意大利定会在其右翼部署强大的装甲部队，用以牵制或击退我军力量薄弱的部队。即使他们无法强攻，也会试图干扰马特鲁港。但是，如果我们能不遗余力地加固三角洲的主要防线，坚定不移地进行防守，敌人将不得不疏散部队，那么水、汽油、食物和弹药的供应问题将会更难解决。而且敌军一旦疏散，卷入激烈战斗时，我们就可以趁机从马特鲁港出动，从海上进行轰炸，袭击塞卢姆甚至更加偏西的据点，破坏敌人的交通线。这将给敌人造成致命打击。

17. 因此，尼罗河三角洲的保卫战可归结为：在亚历山大腹地的右侧全力防守，利用海军从其左侧出动，袭击敌人的交通线。与此同时，希望（我们）在马耳他岛（活动）的增援部队能够阻止意大利或者德国继续从欧洲向非洲调集援军。

18. 如果时间充裕，这一切可以在10月1日之前准备妥当；如果时间不足，我们则必须尽力而为。所有受过训练的部队或者正规军，不论是否已经装备齐全，都必须负责保卫三角洲；所有武装起来的白人、印度或者外国部队则必须负责维护埃及国内治安。

必须使埃及军队在三角洲前线的战斗中发挥应有的作用，这样，埃及本身只需应对暴乱的群众。

请按照以上各条执行，并请做好相关准备，于8月16日下午4点半同我进行详细探讨。

1940年8月16日

在此指示下，韦维尔将军于8月的第三个星期回到开罗。

* * *

现在，我不得不记录一段军事上的小插曲。事情虽然很小，但却令人恼怒。意大利利用远超我方的兵力，将我军赶出了索马里。在此，我需要详述这件事情。

直到1939年12月，我们对意大利的作战策略依然是撤出索马里；但是帝国总参谋长艾恩赛德将军却在当月发表声明，要将守住索马里作为我方的最后一招，同时柏培拉也不能失守。我们打算修筑防御工事来保卫贯穿丘陵地带的特格阿琴峡谷。早在8月初，我们就已经集结了两个英国营（苏格兰高地警卫团）、两个印度营和两个东非营，其中包括索马里的骆驼骑兵和一个非洲轻炮兵连，以及反坦克炮和高射炮部队的一些小分队。韦维尔将军曾在7月21日致电陆军部时提到，不战而退将有损帝国的声望，而且，索马里可能对于日后采取进攻行动会有价值。在他返回伦敦期间，战争拉开了序幕，于是他告诉内阁中东委员会，索马里的沦陷，虽然在战略上无足轻重，但是却会损害我军的威望。

8 月 3 日，意大利携三个步兵营、十四个殖民地步兵营、两个伞降火炮空军大队以及配备了中型坦克、轻型坦克和装甲汽车的多个特遣分队抵达英属索马里，并于10 日向我们发动袭击。11 日晚，新上任的英军指挥官戈德温·奥斯汀将军抵达战场，而他接到的指令是：“你的任务是阻止任何意大利人越过主要据点……如果必要，可以采取撤退的一些必需步骤。”在 12 日和 13 日的战斗中，敌人通过猛烈炮击攻占了我军四个关键据点中的一个。15 日晚，戈德温·奥斯汀将军决定从索马里撤退。对此，他认为“这是保护我们免遭惨败的唯一途径”。中东司令部批准了这一决定，在后卫部队—苏格兰后备警卫团的掩护下，我军成功撤退。

我对这场战争中所采取的战术行动非常不满，因为它将作为英国对意大利的唯一一次失败而载入史册。但这绝不是英国军队和索马里军队的军官或者士兵的错，他们不仅充分利用了拥有的装备，而且认真执行所收到的命令。当意大利举国欢庆，墨索里尼也对攻下尼罗河河谷的前景欢欣雀跃时，韦维尔将军却为当地指挥官辩护，坚称当时的战斗实在是非常激烈。

鉴于我们的共同事业，我不会再强迫陆军部或者韦维尔将军接受我的观点。

* * *

此时，我们的情报表明，随着意大利在阿尔巴尼亚兵力的迅速增加，希腊的安全受到了严重威胁。德军在德国和荷兰各河口以及法国各港口集结了大量驳船，而我们对其的轰炸却不能减少，因为德国为入侵英国所做的准备，不但规模越来越大，也越来越明显。关于是否从国内抽调轰炸机中队的问题，我心中还没拿定主意。不过，制订详尽的计划才是明智之举。说来也是奇怪，除了在空中飞行，空军是所有军种中最不灵活的。虽然一个中队可以在几个小时之内飞到目的地，但是它所需要的设施、仓库、燃料、零件以及修配车间却需要几个星期甚至几个月方能开始运作。

(限即日行动)

首相致空军参谋长和伊斯梅将军：

有关在当前派遣的兵力之外再向埃及调集至少四个重型轰炸机中队一事，请向我提交议案。如果在意大利的威胁下，希腊被迫卷入战争，只要条件合适，这些中队将从希腊的前沿阵地开始作战。在空袭意大利之前，他们可以在希腊补充燃料。包括意大利舰队在内有许多很好的目标，都是很容易击中的。所以，如果希腊参战，从这里出发比从毫无防御的马耳他出发要好得多。报告应尽量简洁，需简单说明方案、困难以及作战目标，并请附上时间表。作战方针交由内阁国防委员会确定就好，因此方案中无须涉及方针问题。请你竭尽所能制订最好的计划。当然，这并不代表空军部或者其他任何人会采纳这个计划，但你应该竭尽全力解决其中的困难。

1940 年 8 月 28 日

*　　*　　*

我曾在 8 月份就当前形势向澳大利亚和新西兰总理发送过报告，如今用它来结束本章是再好不过了。这个报告是我 6 月 16 日电报的后续。

首相致澳大利亚和新西兰总理：

联合参谋部正在草拟太平洋局势的相关文件，但是请容我冒昧提前与您简单谈一下这个问题。我们极力避免与日本交战：一方面，在可能导致与日本军方决裂的若干问题上，我们做出让步；另一方面，在不太危险的问题上，比如说（日本军方）拘押人员方面，我们坚持立场。除非德国成功

入侵英国，否则我不认为日本会宣战。一旦日本看到德国失败或者不敢入侵英国，我认为太平洋的形势就会好转。对于日本的威胁，我们之所以会违反本意、采取让步政策，是因为我们始终挂念着你们的利益与安全。

假如日本对我们宣战，那么它在黄海之外的首个目标将可能是荷属东印度群岛。显然，美国不会喜欢日本这么做。至于他们会采取什么行动，我们无从知晓。美国没有答应支援，但是他们在太平洋的主力舰队定会让日本海军有所忌惮。当然，在英日战争的初期阶段，我们要保卫新加坡，即使它受到袭击——目前似乎不太可能——也应该能够经受得住敌人的长期围困。我们也应在锡兰部署一艘巡洋舰和一艘快速航空母舰，再加上将来会归还你处的所有澳大利亚和新西兰的巡洋舰和驱逐舰，它们将会对来袭的敌军巡洋舰产生强大的威慑。

我们打算用更多的一流战舰来强化东地中海舰队。那么，这支舰队就可以随时途经苏伊士运河前往印度洋，或者援救新加坡。其实在发现这攸关贵国安全之前，即使日本宣战，我们也不想这么做。因为，这种调动将会导致中东的完全沦陷，我们在地中海击败意大利的希望也会随之消失。我们必须料到，敌人近期将会对埃及发动猛烈袭击，需要东地中海舰队前去协助击退敌人。如果敌人成功入侵，这支舰队将不得不通过苏伊士运河或者直布罗陀海峡撤离地中海。上述任意一种情况下，舰队的大部分都能用于保卫贵国。但是，在中日战争的初期阶段，我们希望将部队留在埃及，将舰队留在亚历山大。毕竟谁也不能预先断定将会发生什么。我们必须每天权衡时局，最大限度地利用我们现有的资源。

最后一个问题：日本宣战之后是否会试图率领大军侵犯澳大利亚或者新西兰。我们认为可能性很小：第一，日本正专注于对华战争；第二，它要在荷属东印度群岛聚敛财富；

第三，它很怕把舰队的主力向南派往远方，让美国舰队插在自己的舰队和本土中间。然而，如果日本不惜牺牲自身利益，硬要冒失地大举进犯澳大利亚和新西兰，我在内阁明确的授权下向您保证：届时，除了保卫我们赖以生存的英国本岛之外，我们会不顾地中海的损失，选择牺牲一切利益，及时抽调一支舰队来支援你们，向任何闯入澳大利亚海域的日本部队开战。它能够抵挡任何侵略者，或者定能切断入侵部队和日本之间的交通线。

无论如何，我们都希望事态会有转机。通过与日本人谈判争取时间，我们就有希望渡过当前的危机。相比于5月份我发电报给你的时候，如今英国国内的军事实力已经大大增强。目前，我们拥有一支庞大的军队，并且正在为它提供优良的装备。我们也已经在沿海修筑了防御工事。同时，我们还拥有一支实力强大的机动后备军，包括我们的正规军，澳大利亚、新西兰和加拿大的分遣部队，以及若干装甲师或者装甲旅，他们已经做好准备，一旦敌人成功夺取据点，我们将立刻予以迎头痛击。我们也已经运回了美国援助我国的大量武器，分别是一千门大炮、六十万支步枪以及充足的弹药。卸下保卫法国的重担之后，我们的军队日益强大，装备也不断增加。除此之外，我们还有一百五十万人组成的国民自卫军，其中许多人是退伍军人，大多数人都持有步枪或者其他武器。

我在6月16日发给你们的电报中曾提到：与敌军相比，皇家空军的优势独一无二，我对此寄予厚望。如今它也一如既往地发挥着其独特的优势。昨天在英吉利海峡发生的重要空战表明，我们不仅能够以三敌一，而且能够以一架飞机的损失换取敌人三架半的损失。比弗布鲁克勋爵在新式飞机的制造方面也取得了惊人进展。与上次我发电报给你们的时候相比，我们当前的战斗机和轰炸机实力几乎翻倍，同时我们

还有大批的备用飞机。我认为不管在数量上还是质量上，德国空军都无法击溃我军的空防。

海军的实力也一月比一月强，我们目前正在验收舰艇新建项目的成果，该项目是在英国宣战时启动的。在1940年6月到12月期间，将会有五百多艘舰艇——其中大小都有，许多重要舰艇也包含在内——编入皇家海军舰队。德国海军实力却处于有史以来最弱的时期，具体表现在："沙恩霍斯特"号战列巡洋舰和"格奈森诺"号战列巡洋舰都因受创而停靠在码头；"俾斯麦"号战列舰还未开始服役；"提尔皮茨"号战列舰比"俾斯麦"号战列舰的建造还要晚三个月。因此，对于仅有一艘小型战列舰、几艘配备八英寸大炮的"希佩尔"级重型巡洋舰、两艘轻型巡洋舰或许还有十几艘驱逐舰的德军来说，目前这两个星期十分关键，一旦错过，再想登陆就为时已晚了。如今既没有任何舰队护航，又面临着海空方面的巨大压力，敌人如果想要成功登陆，就必须设法将大批军队运过大海，还要为各登陆据点供应军火和补给。这简直是异想天开，他们最终只会一上岸就遭到我军强大军事力量的痛击。另一方面，如果希特勒在天气突变之前没能入侵并征服不列颠，那么他就受到了第一次也可能是致命的挫折。

因此，我们冷静沉着，也越发相信我们有能力成功保卫自己的国家，坚持熬过一年或者两年，并赢得最终的胜利。

1940年8月11日

第七章
SEVEN
取道地中海

新的形势——法国从地中海退出，意大利进入——海军负担日益加重——取道地中海的重重顾虑——“帽子”作战计划——增援马耳他岛空防的艰苦努力——开辟通往埃及的塔科拉迪路线

法国溃败之前，地中海一直由英法两国共同占领。我军曾派出一支包括巡洋舰和驱逐舰的小型舰队，负责守卫直布罗陀海峡。他们以亚历山大港为根据地，驻扎在地中海东部地区。然而在意大利的不断威胁下，我军不得不在年初时就加强地中海地区的防守，共增加了四艘战列舰、七艘巡洋舰、二十二艘驱逐舰、一艘航空母舰以及十二艘潜艇。而法国驻守地中海的舰队则拥有大型战列舰五艘、航空母舰一艘、巡洋舰十四艘以及多艘小型舰艇。如今，法国退出了这片海域，但意大利却朝这里进军了。意大利舰队实力雄厚，共拥有六艘战列舰，其中两艘是最新的“利特里奥”级，配备有十五英寸口径的大炮，不过也有两艘旧式战列舰正在改装，不能立刻投入使用。另外意大利舰队还拥有现代化的巡洋舰十九艘，其中七艘配备了八英寸口径的大炮，以及驱逐舰和鱼雷艇一百二十艘，而且潜艇也超过百艘。

更严重的是，我军还遭受着意大利空军的远程威胁。6 月底，意大利军队势如破竹，面对这严峻的形势，海军部最初的计划是舍弃地中海东部地区，集中力量防守直布罗陀海峡，但却遭到了我的反对。虽然在意大利军队的打压之下，这个方案看起来很合理，但是这与我了解的战斗精神不符，并且这个方案也意味着马耳他岛的覆灭。于是我们最后决定：两边都奋战到底。7 月 3 日，参谋长委员会草拟了一份关于地中海的文件，他们在文件里强调了中东地区作为一个战场的

重要性，并且认可了我军当前的全面防御策略。此时德国有可能攻打埃及，这点我军必须高度重视，但是只要可以守住地中海东部地区，那么凭借现存的兵力，我军足以对抗任何的局部袭击。

我们之前提到过“H”舰队的组建过程，它是在萨默维尔海军上将的指挥下，于6月底在直布罗陀海峡建立的。这支舰队由“胡德”号战列巡洋舰、“坚决”号驱逐舰、“英勇”号驱逐舰、“皇家方舟”号航空母舰以及两艘巡洋舰和十一艘驱逐舰组成。我们曾率领这支舰队在奥兰完成了一项任务。在地中海东部地区的战斗中，安德鲁·坎宁安海军上将脱颖而出，他英勇善战，不屈不挠。意大利一向我军宣战，他就立刻投身于这场海战之中了。皇家空军袭击了托布鲁克，并击沉了意大利的旧巡洋舰“圣乔治”号。我军舰队从海上炮击了拜耳迪耶。双方潜艇在战斗中都非常活跃，在6月底之前，由于在深海遭遇水雷，我军在击毁敌军十艘潜艇的同时也损失了三艘潜艇。

7月8日，在我方舰队从马耳他前往亚历山大港的途中，坎宁安海军上将领教了意大利军队的强大。从意军空袭的强度来看，显然他们正在采取重要的军事行动，我们现在知道，意大利军队当时打算将这位英国上将引入某个区域，好让他们的空军和潜艇同时开火。不料坎宁安海军上将立刻掌握主动权，先发制人，尽管其在人数上不占优势，但他还是大胆地让其舰队穿插到敌舰和敌方基地的中间。

次日，双方继续交锋，并采取了远距离对轰，我军击中了敌方一艘战列舰和两艘巡洋舰，但自己并无任何损失。敌人不敢再打下去，只好落荒而逃，坎宁安带兵一路紧追不舍，直至离意大利不到二十五英里的海域才罢休，敌军如果不是跑得快，就连逃生的机会都没有。接下来的两天意大利军队依旧保持高强度的空中袭击，但都以失败告终，而我军舰队在连续不断的炮火中穿行，最终安全抵达了亚历山大港。这次行动不仅提高了我军士气，同时也确立了英国舰队在地中海地区的支配地位，而意大利军队则声望扫地，一蹶不振。十天之后，我国的驱逐舰联合澳大利亚的巡洋舰“悉尼”号，一同击毁了意军的一艘巡洋舰。因此，在与新敌人的初次交锋中，我军士气高昂。

不过，此时海军部身负重担。面对敌人入侵的危险，海军部要在英吉利海峡和直布罗陀海峡部署大量的小型舰队和小型舰艇应战。同时，我军与意大利军队的较量也才刚刚开始。8月前，德国已经在比斯开湾各港口使用潜艇作战，我军的大西洋运输船队就曾遭其重创，但他们却损失不大。此外，我军还要考虑是否对日宣战，这直接关系到我们的殖民帝国的存亡，是不容忽视的。面对以上情况，这就难怪我军在地中海地区冒险用兵时，海军部会对此万分焦虑，因为他们一心只想采用最严谨最保守的防御方式，守住直布罗陀海峡和亚历山大港。另一方面，我想不明白，进驻地中海的大量舰艇为何不在一开始时就积极发起攻势呢？如今，地中海地区严禁所有的商船通行，所有到埃及的运输船队都必须绕航好望角，而为何要完全封闭这片内海，我也无法理解。事实上，我军可以特意安排几艘特种运输船从这里经过，故意挑衅意大利舰队，以引发战争。我希望我军能够将此付诸实践，同时在马耳他岛上适当地部署守军，并配备飞机和高射炮，马耳他岛的空军和陆军的作战能力还需要加强，这才能对付意大利舰队。我很早以前就担心德国会进入地中海战场，希望这个计划能赶在德国参战之前顺利进行。夏秋两季，我一直与海军部商议我们在这一地区的作战部署，在整个过程中我表现得既认真又友好。

首相致海军大臣和第一海务大臣：

我觉得可以派“光辉”号到地中海去替换“皇家方舟”号。这样一来，更多的“旋风”式战斗机便可通过“光辉”号运往马耳他岛。恰好我军目前又有多余的“旋风”式战斗机，何不将其交给马耳他岛上的“斗士”式飞机的飞行员来驾驶呢？这又不会削弱我们空军的实力。

如今，德国已经控制了整个法国以及比利时的矿区，所以我们对吕勒奥的作战已经显得没有那么重要了。我们需将重心转到地中海战场上来。

另外，关于将地中海的小型舰队换成续航力强的驱逐舰

的计划，是否能将计划更换的日期也一并附上？

1940 年 7 月 12 日

当日，庞德海军上将通过海军大臣给出回复：

在地中海西部的作战中，我们掌握了一些空中作战的经验。东地中海舰队也参与了此次战斗，等到战斗结束时，我们须清楚地知道地中海东部地区所面临的问题。

在北海战场，当船只进入轰炸区时，我们派出了战斗机进行掩护，但对于“H”舰队和东地中海舰队，我们无法提供这样的掩护了，所以，毫无疑问，这两个舰队的作战条件极端不利。

目前，我们亟须解决的问题是如何将飞机和高射炮运到马耳他，将飞机运至亚历山大港。我无法确定让装有这类军用物资的船只取道地中海会不会太冒险，但是总比绕道好望角而延误时间要更保险一些。

另外，我们也在考虑“光辉”号的替换问题，但由于它还要先回到本国，装载“海燕”式轰炸机，不能马上赶赴地中海地区。

不过，我们已经安排其他的续航力强大的驱逐舰来替换直布罗陀海峡地区的驱逐舰了，但至于什么时候出发，取决于直布罗陀海峡的掩护工作什么时候能做好。

首相致第一海务大臣：

1. 如今已经过去了三周的时间，我希望当时我所否决的方案，即舰队撤离地中海中部地区，以及将坎宁安海军上将的舰队调往直布罗陀的方案，不要再重提。我们每个人都知道在地中海中部地区作战会有遭遇空袭的危险。但有些时候，为了某些目标，我们必须去冒险。军舰在炮火中穿梭也是难

免的。去年10月，我原本打算改装皇家海军的“皇家”级战列舰，为了装上防空用的厚装甲板，不惜降低速度、加大舰胴。如果当时我的主张得到支持，那我们今日的局面就会截然不同。各个阶段的难题都难以解决，因此我的想法也难以获得实施，相较于一年前，我们现在并没有多大的进步，如果“皇家”级战列舰改装成功，我们就可以放心大胆地轰击意大利海岸了。战前，海军部所属的各个部门都把空袭的危险预估得过低，而且纷纷在议会上对战舰抵御空袭的能力表示深信不疑。然而如今到了实战，事情的发展并非如此，反倒是他们觉得不应该让英王陛下的军舰去冒被敌机轰炸的危险。可是战争中往往就不可避免地会遇到敌机的轰炸……

可以肯定的是，如果德国也参与到地中海的战争中来，那么敌人势必会加大空袭的规模。

2. 当务之急是在马耳他构建起强大的防空体系，并派驻几支最强悍的战斗机部队，此事刻不容缓，因此将不得不在敌人的炮火中进行。我看到各类文件中都提到了防守力量，其总体规模有多大，我希望你能告诉我。炮位一定要马上确定好。据我了解，一小批高射炮和“旋风”式飞机现已到位，重要的装备也要开始运送了。在这个月底，我很有可能从本土防御力量中派遣大批部队前去支援。第一批紧急支援部队应尽早赶到马耳他。所需物资也应分多艘舰艇装运，以防一艘被击中，全部遭遇损失。这些舰艇绝不能因绕航好望角而耽误过多时间，而且即使绕航前往马耳他，危险也无法避免，其实从亚历山大绕航到马耳他，反而比从取道直布罗陀海峡到马耳他的风险更大。

3. 接下来是“光辉”号的相关事宜。如今我军在北海和大西洋战场处于防守态势，但是也没有人会提议将“光辉”号派往多佛尔以南和以北的狭窄水域，主要是我军在该区域设有良好的海岸基地，且已经驻有航空母舰。因此，即使距

离敌人海岸相当远，该航空母舰也能在我们的领海内应战。然而我们在地中海对付意大利时，一定要先发制人主动进攻，尤其要将马耳他重新变成特殊时期的海军基地。“光辉”号有装甲甲板，最好将其调往地中海作战，“皇家方舟”号则可调回我国海域作战。到地中海作战的计划已经拖了很长时间，我想知道“海燕”式轰炸机的装运日期，以及“光辉”号能够替换“皇家方舟”号的具体时间。

4. 如果能将航程较远的驱逐舰安排前往直布罗陀，将航程较近的舰艇调回本国，部署在英吉利海峡，我会非常满意。

1940 年 7 月 15 日

*　　*　　*

在此期间，海军部的战略又经过一次极其缜密的研究。他们在 7 月 15 日向地中海舰队总司令发送电报，并反复强调我们要在地中海东部地区保持强大军事力量的意图。电报中还提到，英国在地中海东部的首要作战任务将是打败在数量上占据优势的敌方海军。而在地中海西部地区，“H”舰队将控制地中海西端的出口，并向意大利海岸发起进攻。对于这种强硬的政策，我大体上还是比较赞同的。此外海军部让地中海舰队总司令确定这两支舰队所需的重型军舰数量。如果舰艇需要重新分配，请他给出建议，交换舰艇时，是取道地中海呢，还是绕航好望角？

地中海舰队总司令做出了回复，他希望能将“英勇”号和“巴勒姆”号这两艘战列舰派往地中海地区。这样，他就拥有了四艘航程最远、速度最快的战列舰。那么，他就不需要用“皇家”级了，这一型号战舰甲板防御能力差、速度又慢，时常令他担忧。另外，他还需要包括“光辉”号在内的两艘航空母舰，以及两艘配备了八英寸口径大炮的巡洋舰。他同意第一海务大臣的看法，即在地中海西部地区，由“胡德”号和“皇家方舟”号以及一两艘“R”级战列舰组成舰队就

可满足战斗需要。他认为，凭借这两支舰队，同时通过对马耳他岛以战斗机严加防护，以及在亚历山大港建立补给基地，我军就可以控制整个地中海地区，且可以长期占据地中海东部海域。最后他总结道："从地中海增援是可以实现的，但需要协调配合、行动一致，且最好是所有的增援任务，能一次完成。"

因此，在海军部的会谈中，我们在很大的程度上达成一致。我们一致认为：坎宁安海军上将指挥的舰队需增援一艘战列舰、一艘航空母舰和两艘巡洋舰，同时，应抓住这个机会，将供应物资的运输船队从亚历山大开往马耳他。后来，在 7 月 23 日，第一海务大臣给海军大臣和我写了备忘录，其中说道：

> 有关我军增援路线能否取道地中海的问题，我们作了充分的考虑，增援不仅只是前往东地中海舰队的战斗舰，还包括商船，它们用来运送舰队所需的备用弹药、马耳他急需的高射炮以及马耳他和中东地区需要的飞机。而舰队总司令坚决认为，在当前的情况下，试图让满载贵重物资的商船取道中地中海是下下之策，如果一艘或几艘船只因遭受破坏而降低速度，我们就不得不将它们凿沉。我也十分赞同总司令的看法。

因此，后来以"帽子"为代号的重要作战计划，就没有为商船的通航作出规定。尽管如此，在坎宁安海军上将的全力支持下，我军依然向地中海中部的意大利舰队和空军发起了挑战。如今，我对海军部所采取的主要决策甚为满意，也希望英意双方能够一决高下。因此，一切准备工作都在顺利开展。

几个星期过后，在征得参谋长委员会的一致同意后，战时内阁采取了一次十分大胆且影响深远的行动，即不顾本土被侵略的危险，将我军近一半最好的坦克运往埃及。地中海的通航问题因此比我们之前面对的要更加严峻。对于此次行动，我当然完全赞同，但是，如果绕航好望角，我担心会延误太长时间，无法及时为这场决定埃及命运的战斗提供帮助。第一海务大臣一开始打算冒险一试，但是经过进一步研究之后，他认为这样做会打乱目前海军部主要执行的“帽子”作战计划。因为这至少需要派两艘快速运输舰（时速十六海里）从直布罗陀前往马耳他，比从亚历山大港出发还要危险。于是这又引发了进一步的讨论。

首相致伊斯梅将军，转参谋长委员会：

我不同意这个提议（即绕航好望角将坦克运至埃及），一是在我们最关键的时期却抽调这些重要军用物资（五十辆步兵坦克或“I”式坦克），二是这些物资无法在中东地区最需要的时候送达。我要求海军部克服各种困难，寻求更好的方案。目前，一大批驱逐舰已经从“H”舰队调往地中海中部地区，如有必要，难道不能分配有关人员到各驱逐舰上，然后像坎宁安海军上将现在所做的那样，将六艘驱逐舰派往地中海西部地区，然后再安排他们返航吗？

不过，我不反对运送第三轻骑兵团（坦克团的全体人员）时绕航好望角。在此期间，只要韦维尔将军能够得到他所需要的轻型坦克，他就可以在坦克手的配备上做出临时安排。如果能保证坦克手分配到我军各大舰艇上，我将冒险取道地中海来运送这五十辆步兵坦克；我绝不会考虑绕道好望角，因为选择绕道，两个月后才能运到，会让这些坦克错失战机。担任地中海运送任务的人员必须减到最少，除必要人员外其余人员可以选择绕道好望角。

关于进一步的方案，请务必于明日（星期一）提交给我。

1940 年 8 月 11 日

首相致海军大臣和第一海务大臣：

1. 法国退出这场战争的前夕，在没有任何装有潜艇探测器的驱逐舰以及飞机的掩护下，达尔朗海军上将曾在白天炮轰了热那亚，并且毫发未损地返回了土伦。东地中海舰队曾三次攻击地中海中部，并成功折返亚历山大港，其中只有一艘军舰，即“格罗斯特”号轻巡洋舰曾被一颗炸弹击中。数周之前，一支快速和一支慢速运输船队，从马耳他开往亚历山大港，没有遭受任何损失，在其航行过程中，仅有两天曾受到意大利飞机的袭击。

2. 目前海军部提出，建议从亚历山大派六艘驱逐舰去和“H”舰队会合。这些舰艇在途中肯定难逃敌人的空中侦察，而且会进入意大利的空袭范围，遭到他们的大批高速巡洋舰的袭击。如果不是地中海舰队总司令和海军部对意大利海军的意图做出了正确评估，这次行动将会极度危险。

3. 我们现在才被告知，我们不久后将要采取的行动：即用两艘时速只有十五海里的运输舰将军队运往地中海东部地区，这是非常危险的。然而，海军部宣称已有一万两千名敌军从纪龙德河或从圣纳泽尔登船，在没有任何军舰的保护下，前往目的地。因此，为了防御敌军入侵英国西海岸地区，海军部要求我们斥巨资加强当地的防御工事。我们此次取道地中海的危险系数好比在实力雄厚的英国海军面前，敌人不借军舰掩护直接运送一万两千人到爱尔兰或英国西海岸地区。

4. 没有人可以预料，敌军将在何时何地展开对埃及的全面进攻。不过，如果德国攻打英国失败了，或者他们没有选择攻打英国的话，那么，德国势必会给意大利施压并支援意大利进攻埃及，这种情况还是很有可能出现的。9月真是一个非常关键的时期。

5. 在这种情况下，实在不宜试图绕航好望角以运送装甲旅，因为如此一来，不管是在英格兰还是埃及的防御战中，整支部队将无法在9月份派上用场。

6. 关于至少派两艘运输舰增援地中海东部舰队的计划，我要求重新进行研究调整，而相关人员可由军舰搭载。从战争的全局来看，考虑到这些运输舰取道地中海所冒的危险，与其绕航好望角运送装甲旅，不如直接从地中海经过，这样风险会小一些。只要战斗人员能通过军舰安全到达目的地，对于装甲车辆可能遭受的损失，我愿意负全部责任。

1940年8月13日

我未能说服海军部从地中海运送装甲旅，甚至只是运送装甲车辆他们也都不赞同，这让我感到既悲伤又苦恼。尽管我与庞德海军上将之间的友谊没有受到这件事的影响，我对他的判断力也依旧深信不疑，但是我们之间依旧不断出现争执。在与我共事的海军军官中，没有人比他更敢于冒险了，当然，其军事责任也由他负责。我们曾一起征战沙场。如果他不敢冒这个险，也就没有其他人能够做到。如果我无法说服他，也就没有人能说服他。我非常了解海军部，所以无论是我的挚友庞德将军还是威望颇高的海军大臣，我都不可能过分地强迫他们。我对海军部有着深厚的感情，所以不愿用向内阁上诉的方式使他们改变计划，因为这样会破坏我们之间的友谊。

8月15日，我最终还是向内阁提出上诉，并在上诉中表明我曾经希望说服海军部，将这两个装甲旅的运送任务纳入“帽子”作战计划。毕竟，如果从地中海运送坦克部队，大约9月5日就可到达亚历山大；如果绕航好望角，则大约要再晚三个星期。然而，帝国总参谋长并不认为意大利的大举进攻迫在眉睫，而且韦维尔将军也同意参谋长的看法。我个人认为不应由战时内阁来否决司令官们的决策。但是我已拼尽全力，如今只能勉强同意绕航好望角，对此，我深感遗憾。不过，参谋长委员会也为采取近道拟定了一份备选方案，如果中东形势在“帽子”作战计划实施之前突然恶化，就采取近道方案，由这两艘运输舰负责装运巡逻坦克和“I”式坦克，并在海军的护送下，通过

地中海地区。有关航线选择问题，我们会在增援部队经过直布罗陀海峡之前做出决定。如果来自中东的军事情报认为没有必要实行备选方案，那么，整个运输船队就继续绕航好望角。

8月30日到9月5日期间，我军成功执行了“帽子”作战计划，并且没有遭受任何损失。坎宁安海军上将于8月30日乘飞机从亚历山大出发，并在31日晚上发现敌军的两艘战列舰和七艘巡洋舰在向我方逼近。双方交战的希望点燃了，但是意大利人显然不是来挑衅的，因而没有发生任何冲突。次夜，我军飞机再度发现敌军，但是他们当时已经退到了塔兰托。从那以后，坎宁安海军上将的舰队在马耳他的东南一带畅行无阻，敌军空袭的干扰也不严重。运输船队安全抵达马耳他，在途中仅有一艘船在空袭中受创。在同一时间，由“英勇”号战列舰（而不是它那未经改装的姊妹舰“巴勒姆”号）、“光辉”号航空母舰以及两艘拥有防空设施的巡洋舰组成的增援舰队，在萨默维尔海军上将统率的“H”舰队护送下，正从直布罗陀海峡驶来。“英勇”号战列舰和巡洋舰顺利地把大量急需的枪支弹药运到了马耳他，随后在9月3日又跟随坎宁安海军上将向东踏上归程。在返回亚历山大港的途中，这支舰队袭击了罗得岛和斯卡潘托岛，并且轻而易举地击退了一艘快速鱼雷艇。萨默维尔海军上将的舰队也安然回到了直布罗陀海峡。

这一切使我深信，风险与回报是相等的，所以冒险从马耳他海峡运送我们的装甲旅，是值得一试的，尤其是我军毅然冒着德军入侵的危险，大量抽调我国本土装甲部队，所以更值得冒险一试，要是当时冒险取道马耳他的话，也许现在已经到了埃及，而不必多花费三个星期了。的确，在这三个星期里，埃及没有遭受严重的灾难。不过，我们对意大利空军过于恐惧的心理也妨碍了海军的作战行动。我从那时到现在都一直是这么认为的，而事态的发展就是最好的证明。到了11月底，在萨默维尔海军上将所率领的“H”舰队的护送下，一支运输船队从地中海西部成功抵达马耳他，在途中，也只是与从塔兰托侥幸逃脱的一部分意大利舰队在撒丁岛附近进行了一次小小的交锋。在这

支运输船队中，有一艘船在地中海东部增援舰艇的掩护下，与另外三艘来自马耳他的军用物资供应船一起，开往亚历山大港。自从意大利参与到地中海的战斗中，这还是第一次有商船顺利地在地中海全程通航。读者接下来将会看到，1941 年当德国空军完全占领西西里岛的时候，我国海军如何在向埃及运输坦克时完成了一项更加艰险的任务。

首相致海军大臣：

“帽子”作战计划的执行过程使我深信，当时放弃从地中海运送装甲车辆的想法是错误的。如果你看过那个我曾列举应选取这条航线的种种理由的备忘录，你就会发现，目前事态的进一步发展佐证了我的观点……

1940 年 9 月 7 日

首相致海军大臣：

在我担任海军大臣的时候，我曾在不同场合多次要求将“拉米伊”级战列舰加厚装甲板、加大舰胴体积以抵御轰炸。若有机会能将这些情况简要上报，我将不胜欣喜。如果在我的一再建议之下，当时就着手改装这些舰艇的话，我们现在就已经有攻打意大利海岸的武器了，在政治、军事上很可能已卓有成效。可是哪怕到了现在，大家还是不敢这样做，同时也找不出可以替代的办法，要知道现实如此我们非这样做不可。

为了我军明年不再像现在这样缺乏轰击舰艇，我曾给你写过备忘录，以期重申这一改装计划，但迄今尚未收到你的回复。我阅读了一些文件，对于这一计划产生了一些新想法，希望我们可以一起进行探讨。

1940 年 9 月 7 日

关于新建舰艇问题，如果不能平衡其他方面的迫切需求，那么这

个问题便永无解决之日。我的希望之所以最终破灭，并非源于原则上的分歧，而是因为遇到了这一难题。

首相致伊斯梅将军：

以下是首相兼国防大臣致东地中海舰队总司令安德鲁·坎宁安爵士的备忘录：

首先祝贺你最近在地中海东部和中部的作战中取得胜利，同时祝贺你的舰队成功将两艘最好的舰艇以及其他重要的舰艇送达目的地。但遗憾的是，埃及和亚历山大战场上急需的装甲旅，仍需三个多星期才能到送达。如今“帽子”作战计划顺利执行，“光辉”号和“英勇”号也已成功到达，我军从中获得了许多作战经验，希望你能好好利用这些经验，重新评估将来的海军局势。不仅要了解意大利海军进攻的能力，也要评估他们的防御能力。在今年秋天对意大利发起反攻，成为我军当前作战计划的重中之重，因为越往后德国人越有可能向意大利提供更为强大的武器装备支援，到那时局面就会大不相同。我们将不惜一切代价加强马耳他岛的防空工事，而且不久将会运去一批我军寄予厚望的新式武器，可以在此进行试验。我相信，在 1941 年 4 月之前，若有我军舰队的增援，马耳他岛将处于安全状态。在此期间，如果你有任何关于此次进攻行动的建议，请送交海军部。我国陆军和空军打算破坏意大利在利比亚境内的通信系统，这一行动如果顺利实施，可以阻止意大利对埃及发动任何大规模的进攻，如果你能配合这一计划，我将不胜欣喜。显然，掌握战争主动权将对我们大有裨益。我希望“海燕”式作为最终配备在航空母舰上的快速战斗机，发挥巨大的作用。

此间，这场空中霸权争夺战的形势依旧严峻，但是我们坚信能够取得最终的胜利。

1940 年 9 月 8 日

开战之前，英国政府及其专家顾问竟然没能更加清楚地预见到空军将在地中海的战场上发挥的巨大作用，这确实令人惊讶。然而，不管怎样，在这场与德国的空军竞赛中，我军已落后许多，所以，这场不列颠保卫战对空军的需求，已经远远超过我国拥有的数量。因此，在取得决定性的胜利之前，英国每一次对地中海和埃及的舰艇增援，都是迫于战争的需要。即使在冬天，即我们认为我军能在白天掌控本国领空的情况下，也难以在闪电战的威胁下将战斗机派往马耳他或埃及。所以，要从炮火连天的英国城市、重要港口以及军火工厂将那些用来防御敌机的高射炮和炮弹绕航好望角运往埃及，或者冒着巨大危险直接运往马耳他，也将更加艰难。

尽管会遭受损失、遇到挫折，我军依然加强了马耳他岛过去一直疏忽的空军防御工事。萨默维尔海军上将所指挥的舰队在直布罗陀海峡的其中一项任务，是用一艘航空母舰将战斗机运至马耳他。第一次增援是在 8 月初，当时在“阿尔戈斯”号航空母舰的护送下，有十二架“旋风”式战斗机降落在该岛。在我们的战斗机到达之前，马耳他岛只有三架“斗士”式飞机，它们被当地人亲切地称为“信心”号、“希望”号和“慈爱”号。我军在 11 月进行了第二次增援，但行动过程中却发生了悲剧。从“阿尔戈斯”号航空母舰上起飞的十四架飞机中，有九架在距离马耳他岛西边还有四百米的地方，因风向的改变，耗尽了燃油，最后连同忠心耿耿的飞行员一起葬身大海。从此以后，为确保飞行安全所留的燃料再也不那么少了，后来尽管进行了多次类似的增援行动，但再没有发生过这样的悲剧。

*　*　*

同时，我们也必须设法将飞机运往中东，而且既要避免取道地中海的危险，也要避免因绕航好望角而过多地延误时间。从西非走陆路的办法可以节省许多宝贵的时间并且能空出一些船舶。飞机既可以从航空母舰上起飞，也可拆卸装箱运送，然后在某一港口进行组装和起飞。可供选择的港口有拉各斯港和塔科拉迪港。

经过审慎的考察后，我军选定了塔科拉迪港，并且早在1940年8月21日，一队工作人员就已抵达该处。这条线路始于卡诺，途经喀土穆，最后到达开罗，全长三千七百英里。我们需在塔科拉迪修建大量的修理车间，沿途还要设置各种加油站和休息站。9月5日，十二架“旋风”式和“伯伦翰”式飞机从海路装箱运到了塔科拉迪港，从航空母舰“阿尔戈斯”号起飞的三十架“旋风”式飞机也在次日抵达。9月20日，第一批飞机从塔科拉迪港出发，四日之后到达了喀土穆港。到年底，一百零七架飞机就这样一批批地运到了埃及。

尽管这条线路进展迅速，但却需要经过数月的准备工作。塔科拉迪的气候和当地肆虐的疟疾折磨着拆箱装配飞机的工人。由于航空母舰艇能在紧急时刻使用，而天气又不利于空运，那些因等待备件而无法使用的飞机，逐渐在沿途堆积了起来。飞机在飞越荒芜的大片沙漠时，引擎的损耗很大，因而缩短了它们的飞行寿命。这些工作初期的严重困难，我们必须克服。这种增援飞机的方法在1940年里未能收到成效，但是，好在我们已经开始了，否则尼罗河集团军将无法在1941年各种悲剧中幸存下来。

* * *

截至1940年底，英国海军再次稳固了其在地中海的地位。在萨默维尔海军上将远道运去高射炮及其他设备之后，马耳他的防务力量也大大加强。坎宁安海军上将在地中海东部的进攻也卓有成效。虽然意大利空军力量强大，但我们时刻掌握着主动权。随着战况发展，马耳他一直占据重要的战略地位，它可以作为一个据点，帮助我们进攻意大利与其驻非部队间的交通线。

第八章

EIGHT

剑拔弩张的九月

空战的高潮——战斗机驾驶员精疲力竭——德国即将入侵的迹象——对敌军驳船的轰炸结果令人失望——一项为期八个月的计划——大雾天气作战的危险——飞机生产部的成果——马耳他告急——所担忧的灾祸没有发生

9月，如同6月一样，是一个极度紧张的时期，指挥作战的将领们更是身负重担。正如前文所述，空战决定成败，那时空战正在极其激烈地进行，并且逐渐达到高潮。如今回想起来，皇家空军在9月15日的胜利是一个极具决定性的转折点。但在当时，其作用并不明显，而且，是否还会有意料之外的猛烈空袭，而更加猛烈的空袭又将持续多久，我们也无法断定。如果天气晴朗，则有利于发动大规模的昼间空袭，因此一直以来，好天气都备受欢迎。但是等到9月的第三周，即我到第十一战斗机大队指挥部访问空军少将帕克时，却发现他们对空战的态度已经发生了微妙但确切的变化。当问及天气时，他们只是告诉我接下来一段时间天气晴朗。好天气似乎不再像月初那样受人青睐了。我明显感觉到，即使天气突然变坏，也不再会被看作是一件坏事。

当时，我和几位将军正坐在帕克的办公室里，一位军官送上了一份空军部发来的通知，说所有德·王尔德厂的弹药都已用完。这个工厂的弹药，是最受战斗机飞行员欢迎的。如今，生产该弹药的工厂已被炸毁。这无疑给了帕克重重一击；只见他深吸一口气，停顿了一会儿，然后豪迈地说道："这种弹药出现之前，我们能够应战，现在没有了，我们也照样能打下去。"

每到周末，空军上将道丁通常会从阿克斯布里奇驱车前往契克斯与我会面，在我们的交谈过程中，我明显感受到空战司令部正处于一种极端紧张的状态。我非常注重每周的战争数据汇报，这些数据表明，只要敌人不再加大空袭力度，我军就有足够数量的飞机应战。只不过，这些数据图表无法反映出飞行员身心所承受的压力。他们有着崇高的献身精神，常常一人迎战五六个敌人，虽然他们屡战屡胜，占据上风，而敌人节节败退，但人的忍耐力毕竟是有限的。不论是精神还是肉体，总有精疲力竭的时候。这让我想到了滑铁卢战役中惠灵顿那天下午的心情："愿今晚上帝护佑或布吕歇尔前来支援。"这个阶段，我军所需的已不是支援，而是精神支柱。

同时，种种迹象表明，德国将要入侵我国。据我们的空军拍摄发现，有不下三千艘自航驳船集结于荷兰、比利时和法国港口及河口地带。我们难以确定，敌军的大型后备船只会不会聚集于莱茵河口或波罗的海，现在波罗的海与基尔运河仍然畅通。在研究德国入侵的问题时，我坚信只要他们敢入侵，我军就能打败他们，并且列举了其中缘由，结果反倒是他们不敢来，而是继续深思熟虑以寻找更好的时机。但是，当我们一周又一周地从空中摄影和特工的情报中了解到敌人在日益加紧进行入侵的准备时，还是会有一种危机感。这种危机感会一点一点地笼罩着你。除非已经胜券在握以及制订好了周详的作战计划，否则这些可怕的德国人是不会那么轻易出兵的。但会不会来一个突然袭击呢？会不会派坦克登陆艇突然出击或是还有其他更好的突袭方式呢？德国正在筹备入侵工作的港口，是我军所有夜间轰炸的焦点，他们每天晚上似乎都在那里进行驳船和其他船只的着陆和离岸演习。我军对那些聚集在港湾或停泊在码头周围的大批驳船进行轰炸，然而从空中拍摄到的轰炸结果来看，好几次都不是那么如意。

首相致空军大臣：

从摄影照片可以看出：轰炸机显然没有能力击中那些大批集结的驳船，这件事打击了我。我原本以为，只要往那些

排成长方形的船队连续投几颗爆破弹，就会使它们遭受到严重的破坏；而我却失望地看到，除了港湾入口处的几艘驳船明显损坏外，其余的都安然无恙，井然有序。

对此，难道就无法加以改进了吗？

1940 年 9 月 23 日

一如我之前提到的，整个参谋长委员会都一致认为德国的入侵已迫在眉睫，而我对此深表怀疑，且持相反意见。尽管如此，我却不能抑制由于长期处理重大事件而产生的内心激动。当然，我们的每一条神经都是绷得紧紧的。我们的司令官做事谨慎，应变能力强；我们大量的军队目前养精蓄锐，保持高度警惕；我们全体人民斗志昂扬，无所畏惧。所有这些都表明，我们在各方面都已巨细无遗地做好了准备。

* * *

现在，我们已被排除在欧洲大陆之外，我们需从这个角度来重新评估我们的整个战时生产及其优先的地位。为此，我与军需大臣及其他有关人员进行了商讨。本月初，在经过我身边几个人的一番努力和仔细的核对之后，我向内阁提交了一份关于军需的总指示，旨在指导我们 1941 年的军需工作。

军需情况

1. 海军可能会战败，但空军能战胜敌人。因此，我们必须尽最大的努力取得空中压倒性的优势。战斗机是我们的救星，但轰炸机才是我们取胜的唯一手段。因此，我们必须发展空中力量，将前所未有的大量炸弹运往德国，彻底粉碎敌人的作战活动和经济生活所依赖的一切工业和科学机构，同时将其遏制在离我们本土还有一定距离的地方。目前，我们找不到其他更好的方法来战胜强大的德国，同时使得它无论

把兵力投入非洲战场或东方战场，都不能获得任何胜利。因此，空军及其大规模活动在符合后面讲述的条件下，应凌驾于海军和陆军之上。

2. 在与德国作战时，实施封锁的方法已经陈旧，起不了多大的作用。毕竟，德国从战败国掠夺了大量物资，且出于利益，他们会威胁当地民众为其服务。而我军现在已经没有多少重要的特殊物资了，但如能有节制地使用，还是能阻止德国的作战活动。目前，海军正吃力地执行着保持交通线畅通的任务，但是随着海军部采取了新举措，美国驱逐舰前来支援，我军反潜舰艇的产量也日益增加，情况会发生改变，希望能有显著的改善。海军部应将作战焦点放在进攻方面，去轰击敌人或敌人所占领的海岸，特别是地中海地区。除非有另外的要求，否则都需以最快速度来制造反潜舰艇，不得有丝毫松懈。海军的计划虽没有特别妨碍到空军作战，但应让出一些装甲板，用来制造坦克。

3. 关于尽快增派兵力以扩编到五十五个师的决议，似乎无须重复考虑。我们的目标是建立十个装甲师，在1941年春天完成五个，到了夏天增至七个，到年底达十个。为执行这些军需供应计划，我们的兵工厂应全力以赴。我原则上同意军需大臣（赫伯特·莫里森先生）的军需问题处理方案，并认为在1917—1918年（一战期间）使用的军火不应该出现在目前的战争中。

4. 我们须竭尽全力来完成本土和中东军队的装备完善工作。我们目前最需要加强的军备有：坦克和轻武器弹药，尤其是特种弹药；以及反坦克炮、步枪和迫击炮；还有来福枪。以上这些装备的弹药都严重不足，尤其需要增援。我们希望再从美国获得二十五万支来福枪，但不幸获悉，在1941年底之前，美国最多只能再制造五十万支来福枪。当然，随着我国大批正规军派往海外，势必要求保卫本土的地方军和卫戍

部队的人数要远远超过现在。大大提高来福枪的生产能力是极其必要的。

5. 敌人入侵的危险并不会随冬季的来临而消失，所以接下来的一年我们将面临新的挑战。随着战事的发展，敌人想要征服我们的野心越来越大，因而他们可能设计出各种目前还不存在的新型渡海装备。实际上，敌人的入侵永远在威胁着我们，但是，只要这片土地有重兵驻守，敌方就不敢轻易来犯。除此以外，我们预想中东将成为1940—1941年间的主要战场。因此，我们必须尽力将英国、澳大利亚以及印度的军队调往中东地区，其调动的规模视海运承受能力和当地的补给能力而定。我们也曾预想有可能在埃及、苏丹、土耳其、叙利亚、巴勒斯坦、伊拉克以及波斯（今伊朗）等地作战。所以在为这些战场备战时，英国需派出十五个师，澳大利亚派六个，印度至少也要六个，而这些军队实际上是从我们之前所提到的五十五个师中分配出来的。人们想不到这次的军火费用将接近上次大战的规模。其中，空军和舰队的装备费用占主要部分。

6. 当然，对于欧洲和北非的敌人或其领地，我们还有可能采取海陆两栖作战模式。不过，这种模式所需的军备物资也应纳入上文所提及的总军需计划中。

7. 正如军需大臣提醒的那样，德国拥有规模巨大的陆军和空军，我们的作战任务的确非常艰巨，但战争并非只是一群人相互给对方投掷大量炮弹那么简单。其中最重要的是科学的领导以及发明新的武器装备，唯有这样才能最有效地应付在兵力上占优势的敌人。比如说，如果我们能研制出一系列的新型武器，不管能见度如何，都能通过侦察将敌人的空军和陆军发现并击毁，这就不负众望了。战略形势会因此改变，军需情况也能得到大大改善。当然，如果能为不旋转投射弹配上弹药、导向器和其他辅助装置，其命中率将会比现

在提高三四倍，那么对于从地面重新掌握制空权的目标，我们便向前迈进了一大步。海军也能重新获得它以前所享有的大量的行动自由和力量，进而向敌军发起攻击。陆军也能够在许多地点登陆，而不会遇到“纳姆索斯”那样的危险。因此，我们必须像重视空军那样，对具备众多精密装置、具有无限可能性的无线电测向器（雷达）的整个领域给予高度重视，事实上，它是空军的一个重要组成部分。我们目前最需要考虑并为之努力的是如何引进高科技人才、培训能掌控新设备的人员以及增加相关的研究人员。虽然现在改变现有计划还为时过早，但可以预想到这一计划将会节省不少的高射炮及其弹药。

8. 在 1941 年春季之前，除了应对敌人未必会发动的大举入侵之外，还看不出其他需要大量军费开支或军火消耗的战事。虽然中东随时可能进行激烈而具有决定性的战斗，但因为运输增援部队和军需品有困难，使得兵员数量和开支的数目都受到限制。因此，如果不受干扰，我们将有八个月的时间用来大大提高我们的军事装备生产能力，在此期间内，我们的军需品可以稳步增长，快速累积。

1940 年 9 月 3 日

这项政策得到同僚们的普遍认可，各部门也依照这项政策采取行动。

*　*　*

在 10 月份，我发现很有必要补充上一份有关优先权的备忘录，因为优先权这个问题在各部之间引起了激烈的争辩，每个部门都竭力争取自己的优先地位。

优先权

1. 在人事和物资方面的最高优先权，应当属于无线电部门。这一部门需要科学家、无线电专家、各类高技术人才以及高级材料。我军作战的胜利以及将来的战略，特别是海军的战略，在很大程度上将依靠这方面的进展。我们必须大大提高高射炮的发射精度，以便更好地保护我们的军舰和港口。我们不仅要满怀信心地用各种方法推进研究和试验工作，而且要提高生产能力。经过反复多次挫败后，我们定可获得成功。

2. 在军需分配方面的优先权，应给予飞机的生产，以便执行获批的目标任务。有关部门的人员要恪尽职守，用尽一切可能的办法，避免优先权的滥用，避免对其他部门产生不必要的妨碍。为此，他们应按季度，如果可行的话，也可按月份，事先安排好所需的人力物力，以便将所有剩余部分能立即提供其他部门使用。拥有优先权，并不代表飞机生产完全可以垄断所有物资的供应。如果真出现获批的飞机生产需要占用全部物资供应的情况，那么虽不利于飞机的生产，我们也要从中特别拨出一部分来，以满足其他部门或机构的最低基本需求。如果对这一分配持有异议，应提交内阁进行裁决。

3. 当前，我们的目标是建立五个装甲师，外加相当于三个师的装甲旅。但这还不够。我们不能指望在作战人数方面与敌人一较高低，而是将重点放在装甲战车的数量上。所以，建立十个装甲师是我们1941年底的目标。为此，陆军需彻底全面地评估他们对机械运输车辆的需求量，并从美国大批买进。而本国的防卫部队，有各种高度发达的便利交通，不能同样享有在外各部队作战所需要的交通工具。他们需临场发挥自己的能力设法解决问题。一个参谋人员如果只凭空办事，异想天开，那他无法为国家做出贡献，因为他只知道一而再

再而三地提出要求，直到总数庞大，无法满足。关于机械运输车辆，还需做出一份包括国外作战部队、本土防卫部队和海岸警备部队在内的英国各个师在第一、第二和第三道防线上的使用报告。

在此物资缺乏的时期，任何借题发挥、企图制造困难的行为，都不利于我们的发展。

在英国境内，应利用马驭车辆尽可能地弥补机械运输车辆的不足。之前我们卖给了德国那么多的马匹，确实是缺乏远见啊，不过幸好现在爱尔兰的马匹还有很多。

4. 我们应向落后武器的生产提供特殊的帮助，并偶尔给予临时优先权，在这些武器中，要特别强调以下几种：

（1）来福枪。

（2）轻武器弹药，特别是特殊类型的弹药。

我们需想方设法让新工厂生产这些武器。战争爆发已经过去十六个月了，如果到今年年底，武器装备的生产情况还是没有任何改善，那形势就非常严峻了。十二个月的时间已足以建起一个弹药厂了。好在军队没有如原先预想的那般投入战斗，否则，由这种过失所造成的最坏后果，我军就难以幸免了。

迫击炮弹和反坦克炮弹的生产情况也特别不尽人意，必须设法进行改善。

在向我和生产委员会提交周报时，需将这种落后武器的生产状况纳入其中。

5. 海军应将其现有的优先权放到小型舰艇和反潜舰艇的建造中。商船和登陆艇的建造也应优先考虑。若在 1941 年内无法建好所有的大船，可以允许延期。但我们必须制订好计划，确保所推进的计划的进程与零件生产不与优先生产的设备发生冲突。尽量向美国订购钢板和装甲板。

1940 年 10 月 15 日

到9月中旬，敌人的入侵已经迫在眉睫，因而我们不能再派重要部队支援中东了，尤其是需要绕航好望角的增援行动。我到多佛尔地区视察后，发现当地的形势十分严峻，所以决定在这几周内暂缓对新西兰军队的支援，以及暂停将留下来的两个坦克营调到中东的行动。同时，为了防备紧急时刻快速渡过地中海，我手里还有三艘快速运输船，它们被人们称作“格伦（公司）船”。

首相致伊斯梅将军，转参谋长委员会：

在任何情况下都不能将新西兰旅从多佛尔海角的前沿阵地撤走。那两个巡逻坦克营也不得离去。而澳大利亚增援部队则先原地等候，整个运输船队推迟到10月的第三个星期再启航，这样岂不更好？反正，这些增援部队要是绕航好望角，也不能及时到达埃及，更别说为埃及一触即发的战争助一臂之力了。但是在这里，他们却能发挥很大的作用。或许等到10月的第三个星期，海军部就会做好冒更大危险的准备了。无论如何，我们必须保证在10月份期间，新西兰部队以及这些坦克营能在两个战场中的其中一个作战。

1940年9月17日

首相致伊斯梅将军：

对“格伦船”的使用需多加谨慎，不到万不得已之时不能动它。否则，在军队迫切需要增援，且值得冒险从地中海运送增援的装甲部队时，我们就没有了可用之船。到时我可不想听到无合适的船可用的话。

我想知道，如果我们决定在10月的第三个星期驶出一支运输船队，从地中海西部驶往东部，还有没有其他可用的船只？

1940年9月19日

虽然9月天气很晴朗，但我害怕会遇上大雾。

首相致雅各布上校：

第一海务大臣送来一份关于敌人在大雾时入侵的报告，请将该报告的副本交给参谋长委员会，再转送本土防卫部队总司令，并对其补充道："我认为大雾天作战危险性极大，因为双方空军无法在大雾的天气下作战，同时又不利于我们的炮兵开火，还妨碍我海军进行有组织地轰击，更糟糕的是，这有利于敌人使用潜入战术，从而建立登陆据点。若是真的遇上大雾天气，则须在夜间和凌晨对敌人准备侵犯的港口建立最猛烈的空中雷区。如果出现以下的天气：(1) 出现在英吉利海峡上空的雾，在英国这边的要比在法国那边的大；(2) 两侧的雾的浓度都一样，海军打算用小型舰队在夜晚和黎明采取什么行动呢？我很想听听你们的建议。"

"我们是否可以利用无线电来帮助导航？"

"在不断的轰炸下，敌人也将因长期等待而精疲力竭。不过，雾仍旧是我们的敌人。"

1940年9月16日

不管遇到多少危险，重要的是不能让士兵过度疲劳。

首相致伊斯梅将军：

请咨询参谋长委员会：在天气恶劣的情况下，可否将一级警报酌情放宽为二级警报。请就此向我汇报。

1940年9月18日

首相致伊斯梅将军：

请问有没有办法在敌人即将入侵的一个或多个港口洒上一层易燃油。这只不过是火烧战船的老把戏加上现代化的改

良而已，在西班牙的无敌舰队时代，这一方法就在敦刻尔克战场试用过了。海军部肯定能够想出对策。

1940 年 9 月 18 日

首相致军需大臣：

德·王尔德厂的弹药对我军非常重要。这次弹药厂被炸，显然对第十一战斗机大队打击不小。在你离开伍尔威奇去养病的那个星期，弹药的产量降至三万八千发，我是十分理解的，我相信这个产量会恢复起来。我想了解一下你接下来四个星期的计划。如果有恢复产量的希望，那我军就可稍稍挪用一点备用物资。

1940 年 9 月 18 日

首相致军需大臣：

对于统计局编制的轻武器弹药的最新生产统计表，我有些看法。这些数字使我极度焦虑不安。特别是德·王尔德厂的弹药，它的弹药使用价值最高，而它遭受到的破坏也最严重。在我看来，不仅要全面提高第七号和第八号子弹的产量，而且要竭尽全力恢复德·王尔德厂的弹药生产和提高穿甲弹的产量。在这方面确实是困难重重。如我能在哪方面帮到你，请尽管找我。

1940 年 9 月 25 日

请读者原谅我下面所写的这份备忘录。

首相致海军大臣：

你当然能购买一面新的海军旗。这样我就不用因为每天早晨看见那面脏了的军旗而难过了。

1940 年 9 月 18 日

*　　*　　*

新成立的飞机生产部所取得的成果，令我如释重负。

首相致比弗布鲁克勋爵：

你所提交的生产数据，代表着5月10日至8月30日期间各种类型的战斗机产量大大提高，这真是令人兴奋。如果这样的数据能够持续增长到即将到来的9月30日，我将向内阁宣读这一喜报，而不采取传阅的方式了。但是，如9月份的数据报告要迟至10月才能编好，那么，我就把手头现有的这一份向内阁进行宣读。

你和你的部门，对国家做出了巨大贡献。

1940年9月21日

首相致比弗布鲁克勋爵：

在日益困难的情况下能取得如此惊人的成就，希望你能将英王陛下政府最热诚的感谢和最热烈的祝贺传达给你的飞机生产部门。

1940年9月25日

*　　*　　*

陆军大臣在处理突击队或冲锋队的问题上，与陆军部以及陆军的意见发生冲突，因而在整个夏季和秋季，我都一直在设法帮助陆军大臣解决这件事情。

首相致陆军大臣：

我一直在思考着我们那天晚上畅所欲言的谈话，现在有感而发想给你写一封信，因为我听说整个突击部队的地位受到了质疑。突击队被告知："无须再招募了"，而且他们的未来也是变化莫测的。所以，我想写这封信告诉你，德国无论在上次大战还是此次大战中都正确地利用了冲锋队，这让我感受颇深。1918 年，冲锋队就给我们造成过一次致命的打击；此外，在 1918 年战争的最后四个月里，是部署得当、勇敢战斗的机关枪阵地的战士担负起了主要任务。而这次战争，德国军队规模更大，装备更强，部队更精良。法国就是被极少数的装备精良的德国精锐部队打败的，这着实令人难以置信。而后大批的德国陆军尾随而至，整顿征服的土地，并加以占领。如果我军要在 1941 年采取战斗行动，实质上是需要海陆并肩作战，肯定就会出现许多小规模作战的机会，我们必须利用这个机会，派出精锐部队，轻装上阵，出其不意地登陆，就像一群猎犬似的行动，而不能像正规军那样，带着笨重的装备缓慢地前行。现在正规军组织严密，装备复杂，运输设备庞大，在所有时间紧迫的战斗中是难以派上用场的。

因此，无论如何，我们都必须组建冲锋队或突击部队。我已要求抽调五千名伞兵，而且我们还至少要有一万名这种能够快速作战的小型"兄弟团"。只有用这种方法，才能占领某些阵地，为受过高强度训练的正规军提供进行大规模战斗的机会。

所以，我希望在你采取任何行动之前，给我个机会，我们一起来探讨一下，如何改变之前所采取的策略，如何避免让所有召集起来的志愿兵陷入进退维谷的境地。

1940 年 8 月 25 日

但是，陆军部对此表示强烈反对，而且军阶越低的人，反对越强烈。那些毕生从事常备军正规训练的军人，一想到那一大批身着便装、自由散漫却享有特权的"非正规军"私下竟敢藐视正规军队的能力和

勇敢，就愤怒无比。许多统领着正规军精锐部队的陆军上校也表示愤愤不平。“他们能做到的事，我们的正规部队哪一样做不到？这一计划让整个陆军威望扫地，同时，也失去了最优秀的官兵。我们在 1918 年都没有搞这一套，为什么现在要搞呢？”他们发出这样的质疑，其实是很正常的事情，但是我不会同情他们。陆军部听取了他们的不平之鸣，但是我依旧坚持执行这个计划。

首相致陆军大臣：

你告诉过我，你完全同意我提出的加强特种部队建设的想法，并且要改变他们所处的不稳定的地位。但遗憾的是，直到目前为止，这些部队没有察觉到自己有任何的变化。他们甚至还不知道他们不会被解散了。虽然有等候获批的申请人名单，但是所有的招募工作都已终止了，甚至连那些志愿参加且已通过审核的人，都不允许被召集进来。虽然这些部队都是由我们最优秀的士兵组成，且受过高强度训练，但是目前他们的装备只有来福枪，如果就这样把他们派去作战，那恐怕是一种巨大的浪费。我希望你能确保，只要你的命令一下达，能立刻得到执行。或者请你向我解释一下，究竟是什么妨碍了你下达的命令的有效执行。我在国防部长期任职的过程中，有过一些经验，发现经常会出现这样的危机：凡是下达了与内部成员意见不符的命令，总会遭到本部门中低一级官员的阻挠或耽搁。但想解决这种问题，只有用惩一儆百的办法，当部属见到这种情况后，你就可以指挥自如了。

如果你今晚能和我一起用餐，或许我们可以再讨论一下这件事。

1940 年 9 月 8 日

首相致陆军大臣：

对于突击部队的装备现状，我十分不满。不仅平时训练

装备不足，作战装备更是少得可怜，这等于在浪费大好人才。

请就以下问题向我做一份汇报：

1. 已经向各突击部队发放了哪些装备？

2. 这些部队所需装备的产量如何？

3. 什么装备可以立即提供给他们进行训练？

我想每周看到一份能说明各突击部队装备情况的详细统计表。

1940 年 9 月 21 日

首相致本土防卫部队总司令（阿兰·布鲁克爵士）：

我们时常听说德国入侵的前线军队是多么的庞大，听说他们无论如何都会派出二十五万人登陆，随后还要扩大有利于作战的登陆点。为应付这类入侵，我军海岸防御系统已部署得当。一个海岛防御海上入侵的困难，往往在于敌人集中优势兵力攻打某一个点。但是，如果敌人兵力太分散，一旦他们靠岸，分布在沿海一带的将士便对其开火，而且此时我军与敌军旗鼓相当，甚至会比他们更强大。这样就形成两条薄弱的战线对峙的局面。尽管我很容易就会想到这样的场景：敌人派出大量的小股部队，且集中兵力进攻，不断前进，最后成功突破我军的薄弱防线，但我又发现如果敌人是许多小股部队登陆，那其中没有一支小股部队足够强大可以突破我组织严密的海岸防线，那这又有何用呢？打个比方说，如果他们在渡海途中损失十万人，另外又有十五万人被堵截在岸上，那么，这样的入侵势必要付出很大的代价，还没有等到我们的后备部队投入战斗，敌人就已遭受巨大损失了。因此，如果人人口中所说的德国入侵计划就这样进行的话，那可就正合我们心意了，但要是他们用重兵集中攻击几个特别选定的点，那就危险得多了。

等我们下次会面时可以再讨论一下这件事！

1940 年 9 月 21 日

*　　*　　*

现在看来，我们对于意大利进攻埃及的忧虑，还远没有指挥这场战斗的格拉齐亚尼元帅那样严重。齐亚诺在他的日记中写道：

> 1940 年 8 月 8 日，格拉齐亚尼元帅来访，他把意大利进攻埃及看作是非常严重的事情，并且还提及我们目前的备战工作还远未达标。在这准备不充分的情况下，首领发起了进攻，所以格拉齐亚尼元帅责怪巴多格里奥没有阻止这件事。事实上，“如果一个人了解非洲当地的情况，他肯定有过优柔寡断的时候，甚至会言而无信。那里的淡水资源匮乏，供应不足。在沙漠中，一打败仗，就必然会引起迅速而全面的崩溃”。
>
> 我把这事报告了首领之后，他感到十分烦恼，因为他记得上次同格拉齐亚尼元帅交谈时，是希望他在几天内发起进攻。格拉齐亚尼元帅没有向我提到日期。他根本不愿意发动进攻，或者无论如何是不会在这两三个月内进攻的。墨索里尼最后总结道，“应该让渴望升职的人来担此重任，而格拉齐亚尼唯一焦虑的是如何保住他目前元帅的地位”。

一个月以后，总司令要求再延期一个月，但墨索里尼却回复道，如果他不在一周之内发起进攻，就将其撤职。最后元帅答应执行命令。齐亚诺说：“一名指挥官竟然如此不愿意出兵作战！这是前所未有的事情。”

9 月 13 日，意大利的主力部队发动了蓄谋已久的战争：不断向前推进，入侵埃及边境。他们总共派出了六个步兵师和八个坦克营，我军则派出了三个步兵营、一个坦克营、三个炮兵中队以及两个装甲车队进行掩护。敌军奉命边战边退，他们身体素质良好，适应沙漠气候，因此非常适合这种战术。通过猛烈袭击我军地处边境的塞卢姆镇，意军拉开了进攻的帷幕。当尘土和硝烟逐渐散去，展现在我军面前的意军阵容：高度整齐、气势磅礴。位列前排的是摩托车队：前后左右、整齐划一；紧随其后的是轻型坦克以及多排机动车辆。借一位英国上校的话来说，这番景象就如同“在奥尔德肖特的长谷地区举行的生日宴会”。面对这威风凛凛的阵势，第三科尔德斯特里姆警卫队慢慢撤退，炮兵冲到前线，重创大批敌军。

再往南边，连绵的山脉与海岸平行，敌人两支纵队穿过山脉以南的辽阔沙漠，想要继续翻过山脉，哈尔法亚——“地狱之火隘口”——则是必经之地，它也在我们之后的战争中发挥了作用。每个意军的纵队均由数百辆机动车组成，坦克、反坦克炮和炮兵负责打头阵，乘坐卡车的步兵则部署在队伍中心。这种阵势他们曾多次运用，我们将其称之为“刺猬”。面对如此庞大的军队，我们选择后退，与此同时，只要敌军行动古怪、犹豫不决，我们就会抓住一切机会袭击他们。事后，格拉齐亚尼曾解释道，他是在最后一刻决定改变包围沙漠的行动计划，转而“将全军兵力集结于左翼，沿着海岸线火速向西迪拜拉尼进军”。于是，这支意大利大军兵分两路沿着海岸公路缓慢行进。他们乘坐卡车的步兵分批发动进攻，每批五十辆。面对意大利的进攻，仅仅四天，科尔德斯特里姆警卫队就从塞卢姆巧妙地撤退到了后方阵地，一边撤退一边重创敌军。

9 月 17 日，意军抵达西迪拜拉尼。我军伤亡人数是四十人，而敌军是我们的五倍之多，另外，他们还折损了一百五十多辆车。在西迪拜拉尼，意军的交通线延长了六十英里，于是决定在此驻守三个月。在此期间，他们不断受到我方小股机动车队的袭击，而且在给养补充方面遇到了严重的困难。齐亚诺说，墨索里尼一开始欣喜若狂。他担负起了这次进攻的全部责任，他坚信自己的做法是对的，并引以为豪，但是辗转过了几个月以后，他的兴头逐渐消失了。不过，我们在伦敦能确定的是，在两三个月之内，敌军一定会派出一支更为庞大的部队，比我军所能够集结的队伍还要强大，敌军重获优势，发起进攻，企图

占领尼罗河三角洲。另外，德军随时有可能出现参与到战争中来！当然，我们不要以为格拉齐亚尼在进军后会长期按兵不动。我们有理由将马特鲁港视作主战场。时间过去了好几周，我军迫切需要的装甲部队也已绕过好望角到来，没有耽误时间，产生不利的影响。

首相致陆军大臣：

我希望装甲旅能及时赶到战场。之前我一直坚信要从地中海安全运送该装甲旅，因为这样可以排除它不能及时到达的危险。但是，我仍记得韦维尔将军曾赞同海、陆、空军几位总司令发表的声明，认为埃及的形势不值得冒此危险。也正是由于这篇声明，我才最终同意了海军部的意见，否则，我一定持反对意见。

1940 年 9 月 14 日

（即日行动）

首相致陆军大臣：

（请伊斯梅将军过目）

增援的装甲部队现已到达亚丁湾。我们已大可放心了，因为韦维尔将军肯定已经做好一切安排，尽早将其投入战斗。我希望一切进展顺利。但遗憾的是，有些人，比如说比弗布鲁克勋爵，就没有在码头等待，将这批增援部队送往前线。我们必须尽最大的努力将其送往前线。可以考虑一下以下两种运送方法：一是将这些装甲车辆从苏伊士运河运往亚历山大，最后在前线附近卸下；二是在苏伊士使用专用列车和车皮、起重机以及其他设备将其直接运往前线。事实会证明哪一种方法更加适合。但在此之前，先给韦维尔将军发一封电报，咨询一下他的意见以及了解一下他都做了哪些安排。必须争分夺秒处理好这件事情。

1940 年 9 月 19 日

我一直担心着马耳他岛的战事，因为该岛似乎毫无防御能力。

首相致伊斯梅将军，转帝国总参谋长：

马耳他总督和驻军总司令发来一封电报，证实了马耳他岛确实令人担忧。他们每个营平均要守护十五英里的海滩防线，而后备军力又不值一提，无法发起反攻，所以该岛面对敌军的登陆部队将束手无策。你需谨记我军目前尚未控制马耳他岛周边的海域。因此，这存在极大的危险。我原本认为需要四个营，但是由于运输舰艇在西地中海航行有困难，现在若是能成功运送两个营，我也满足了。因此，我们必须挑出两个精锐的营。显然，在抽调方面没有什么不可克服的困难。

1940 年 9 月 21 日

* * *

现在回头来看我之前的所有忧虑，不禁想起了一个老人的故事，他临终时在床上说，他生平曾有过许许多多的忧虑，但是，他所忧虑的事却大都没有发生。的确，我 1940 年 9 月的生活也是如此。在这场空战中，德国最终被英国击败。他们从海上入侵的企图也没得逞。事实上，此时希特勒已把目光转向东方了。意大利没有加紧进攻埃及，这让我们绕航好望角远道运去的坦克旅也能及时赶到。其实，这些军备在 9 月马特鲁港的防卫战也没派上用场，而是在后来用在了另一场对我方更为有利的战斗中。我们想方设法，加强了马耳他的军事防御，使其免遭猛烈的空袭，而且无论何时都再无敌军敢踏进这个岛屿。9 月份就这样过去了。

附 录

首相的私人备忘录和电报

1940 年 9 月

首相致伊斯梅将军，转参谋长委员会：

当然，如果滑翔机比降落伞更好的话，我们就应该用滑翔机，但是你们真的认真研究了吗？如果我们使用一种有争议性、目前还处于实验阶段的方法而舍弃其他已经被证实的方案，会不会有被骗的危险？滑翔机进展如何，请给我一份详细报告。

1940 年 9 月 1 日

首相致海军大臣及第一海务大臣：

我很关注你们 16 日之前不能袭击这些德国炮台一事。你们正在放纵敌人的大炮一天天集中起来，不久之后，这会导致英国舰船不能进入多佛尔海峡，这样一来，我们反而是在帮助敌军袭击多佛尔。请告诉我你打算如何处理此事。

当然，如果敌人将大炮架好，而我方却不能给予反击的话，敌人就会开始行动。多佛尔在重型火炮方面很薄弱，这真的令人非常担忧。我们不能只眼睁睁地看着危险临近却又不试着提前阻止他们。“埃里伯斯”号在 16 日遭遇的炮火是它和其他任何船只在下周将要遭遇的两倍多。

我清楚地记得，在上次的战争中，炮轰克诺库和比利时沿岸的其他德国炮台是常事。在固定了浮标、使用了测音设备后，夜间射击会变得更准确。我要求在本周制定出作战方案。请查看所附照片。

1940 年 9 月 1 日

首相致伊斯梅将军，转参谋长委员会：

我想你也在考虑如果“威吓”作战计划在少流血甚至不流血的情况下成功了，接下来会发生什么？看起来戴高乐将军好像在那里安定下来了，他应该试着在靠北一点儿的摩洛哥找一个落脚点，我们的军舰和军队可以再重复进行一次“威吓”作战，如果发现它有效果，那么就即刻在其他更重要的地方实施这一计划。在其他地区实施的这个行动，代号就是“威胁”。

1940 年 9 月 1 日

首相致陆军大臣：

关于在即将来临的冬季为军队安排教育和娱乐设施一事，若有人能向我提供一份详细的报告的话，我将会十分高兴。请问谁将负责这项重要的工作？

1940 年 9 月 1 日

首相致印度事务大臣：

1. 眼下这里战斗激烈，我无法从中抽调飞机或高射炮支援印度，因为那边的战况还不太吃紧；而且我也不可能将美国的供应物资用来在印度建立飞机制造厂，对此我十分抱歉。虽然许多人可能会有疑问，但是一直以来，我们为中东地区的增援和重新装备冒了许多风险。而当你们的国内战争平息以后，中东战场还会在长期内继续占用我们多余的物资。

2. 眼下最要紧的是，印度应该成为我们的得力助手，而不是累赘。如果将受困于印度的英军数量和炮兵数量，以及在战后一年才抵

达战场且所剩无几的印度军队综合考虑的话，你就会发现这笔账亏损严重。为了于1941年有可能在中东展开的大规模重要作战，此刻你正在加倍努力筹建印度旅。对此，我十分欣慰。

1940年9月1日

首相致海军大臣、第一海务大臣及海军部军需署署长：

我仍然迫切地想要将“英王乔治五世”号驶往北部。如果“俾斯麦”号完工，“英王乔治五世”号再发生什么意外的话，那后果将不堪设想。当然了，电气技工们也可以乘“英王乔治五世”号前往北部，直达斯卡帕湾。在经过繁杂的长期检修后，“英王乔治五世”号已经竣工并且急需派上用场，如果在此时损失了该战舰，那将令人痛心不已。而与斯卡帕湾相比，泰恩河的防御实在太薄弱。

1940年9月5日

（限即日行动）

首相致外交大臣：

是否应该致电洛西恩勋爵，告诉他战时内阁对他处理整个驱逐舰问题的方式表示赞成，并向他致以问候呢？

同时，在二十艘鱼雷艇、五架P. B. Y. 型（飞艇）、一百五十到二百架飞机、二十五万支来福枪以及其他武器等方面情况进展如何？我记得他曾答应过要向我们提供上述武器，而且还远不止这些。俗话说“打铁应趁热”，因此，我们应该加紧提出这些问题。

1940年9月5日

（限即日行动）

首相致陆军大臣及帝国总参谋长：

接到这封（关于巴勒斯坦的骑兵师）电报，我十分高兴。看到这些精锐部队虚度了整整一年时光，我非常痛心。他们着手组织机关枪营，接下来再改编成摩托化部队，最后改编为装甲部队，这件事越早

越好。务必要排除万难，开展此项工作。眼下，让苏格兰龙骑兵团第二团和近卫骑兵被困在马上不能脱身，这对他们来说简直是一种侮辱。让几个营的步兵或骑兵骑着矮马前往巴勒斯坦崎岖多山的地带，这还有几分可能。但是，对于这些在历史上著名的正规军而言，在战争中恪尽职守本就是他们的义务。我希望在这一方针实施之前，能收到你们赞成此方针的回电。

1940 年 9 月 8 日

首相致海军大臣：

我已经看了你的新计划报告。3 月，我向内阁提交了备忘录，我知道你在看过这个之后将会重新草拟你的备忘录。你拒绝继续建造“皇家”级战列舰，我对此事颇为不满。在我看来，除了那些能在 1942 年年底完工的舰艇之外，对“皇家”级舰艇的重建应该优先于其他所有的战舰。这意味着你可以继续建造“豪”号，至于其他五艘主力舰的状况可视来年提出的海军预算而定。我找不到理由来中止“顽强”号航空母舰和八艘闲置的巡洋舰的施工。如果只有十五个月的时间来完成所有新舰的建造的话，我将会非常乐意填补那些因改装反潜舰而造成的空缺。一切超过这个限期才能建成的大型驱逐舰，都不应包括在紧急战时计划之列。

你拟订最终方案后，我们可以再开会讨论。

1940 年 9 月 9 日

首相致伊斯梅将军：

1. 新加坡的防御主力是舰队。无论舰队在何处，它总能在很大程度上起到保护新加坡的作用。比如实力大为增强的中东舰队，一旦接到指令，它们便可在短时间内赶往新加坡。如有必要，舰队在抵达新加坡之前就可作战，因为它们可以在那个要塞补充燃料、军火以及检修设备。虽然日本已经登陆新加坡，甚至已经开始包围该要塞，但这支优秀的舰队仍然威力不减。相反，由于日军深陷在沼泽与丛林之中，

又与其本国断绝了联系，他们已经身陷绝境了。

2. 因此，新加坡的防御必须以强大的地方驻军和海军为基础。马来亚地域辽阔，长达四百英里，最宽处达两百英里。所以，我们不会考虑保卫马来半岛以及坚守整个马来亚这个想法。面对这样的任务仅派一个师去，无论通信工具等装备多么先进，他们也发挥不了多大作用。要保卫一个和英国面积相差无几的国家，一个师能派上什么用场？

3. 与过去相比，现在同日本决裂并不会使我们的处境更加危险。日军进攻新加坡的可能性微乎其微。如果他们进攻新加坡，他们就需要将绝大部分舰队投入远在黄海以外的海域。从他们的立场看，确实没有比这更为愚蠢的行为了。而且他们更加垂涎荷属东印度群岛。美国舰队在太平洋上出现，这始终是日本的心腹之患。他们不太可能孤注一掷。日本人历来无比谨慎，而现在更加需要这份谨慎。

4. 我倒宁愿将澳大利亚旅派往印度，而非马来亚，但这只是因为印度的训练让他们更能适应中东。得知他们可以在中东接受训练，我感到很高兴。

5. 因此，就政治形势而言，我觉得还不至于非要将澳大利亚第七师撤离它现在的驻防地点，因为该地无论是在战略方面还是行政方面都是最佳选择。从这一意义上讲，我认为应该草拟一封电报发给澳大利亚政府。

1940 年 9 月 10 日

首相致巴勒斯坦特拉维夫市市长：

近来，特拉维夫在空袭中蒙受损失，对此我深表同情。这种愚蠢的暴行，只会让我们更团结一致、坚定决心。

1940 年 9 月 15 日

首相致海军大臣：

1. 关于你的新计划，我十分怀疑日军人数的准确性，因为海军情报处往往过分夸大日军的实力和效率。然而，只要能与战时需要相配合，我是不会反对重建战舰的计划的。如果要实施这个计划，那么许多用于修建战舰的工厂和工人就派不上其他用场了。请对每年修建这些舰艇所需的人力、物力和财力进行说明，并提交一份报告给我。我们必须将一切力量都集中在“豪”号战列舰上。

2. 一旦入侵问题得以解决，就立即着手建造两艘“皇家”级军舰，并将“英王乔治五世”号编入现役，那我就非常满意了。在此期间，我们还可以收集材料，做好建造准备。这些舰艇应该能在十八个月后，即到 1942 年夏季准备就绪。

3. 你应该加紧对“顽强”号的施工，但在明年年初之前，我们无须考虑再建一艘航空母舰。不过，我们可以事先完成制图工作。

4. 我想，你应该清楚，建造“贝尔法斯特”级战舰只花了三年多的时间。鉴于大批巡洋舰早已在建造之列，我希望你不会坚持今年内将这四艘也纳入计划。

5. 我非常赞成建造驱逐舰，也不介意它们的规模与续航力有多大，只要能在十五个月内竣工即可。我们应该把这个建造时长当作一个绝对底线，一切工作都应该按照这个时长进行。我们过去花了三年时间建造驱逐舰，因为大家都自作聪明，对建造图纸改了又改。我想与军需署署长和海军建设局局长讨论一下驱逐舰的设计图纸。我认为驱逐舰是否达到最快的航行速度不那么重要。当然，你所说的 U 型艇继续深入西部海域活动是对的，但是，反潜快艇（以前叫作捕鲸船）的续航力和火力都很不错。

6. 潜艇计划已十分庞大，并且也已影响了其他的作战需要。我想，除财政部已批准的二十四艘外，你还是再审查一下再建十四艘是否有必要。

7. 我们应该尽最大努力、尽快生产出登陆艇。难道联合计划委员会会满足于这个建造数量吗？

8. 你只要求五十艘反快速鱼雷艇的舰艇，我感到很意外。除非这已达到你能力极限，不然的话，一百艘才更为恰当。

9. 总体而言，在此次新舰建造中，应当主要考虑修建速度和最早

完成日期。造船公司的订货簿上写满订单，船厂里也到处是订单，但大家都知道完成不了，这又有什么用。我想，你曾就这个计划向詹姆斯·利思戈爵士咨询过，他主要谈了这项计划对商船建造以及已经减少了的钢产量将产生什么后果。战争时期，过分占用其他部门的物资是非常错误的做法。

10. 我请海军建设局局长设计的装甲鱼雷艇上的撞角情况怎么样？

1940 年 9 月 15 日

首相致雅各布上校：

1. 一年多以前，我们都认为不久后便可以在内陆设置雷达。然而，自那以后，我们仍然完全依靠对空监视哨。虽然这些监视哨成绩突出，但是如果遇到像昨天和今天这样的阴天，那它们观察的精确度就会大受影响。我确信，如果我们能在内陆设置五六座雷达站，那对我们在空中截击敌机将大有益处。这在威特海角的希尔内斯岛上空尤为重要，因为它可能是空袭伦敦的主要路线。我得知，在这一带的海岸地区有些雷达站有两套相同的设备，以此作为防御轰炸的保险措施。这些设备可能需要重新部署，然后再投入使用。而在其他地方，我们可以设置新的雷达站。我将此事视为我们的当务之急。

2. 明天，也就是星期一，空军中将朱伯特·德·拉·费尔德将召集必要的科学界权威人士商讨此事，并于当日向我报告：

（1）设立上述雷达站的必要性；

（2）设立雷达站的可行性以及只让少数雷达投入战斗所需的时间。

他应该提议将最早建成的六或十二座雷达站投入使用，以及再建备用雷达站。

3. 如果制定出可行的方案，我将亲自交给飞机生产大臣。

1940 年 9 月 15 日

首相致西科尔斯基将军：

你9月14日发送电报说，英王和王后在最近德机轰炸白金汉宫时幸免于难，得知此消息，波兰政府、波兰武装部队以及波兰人民都深表慰藉。对此，我不胜感激。

正如陛下所说，这些卑鄙的袭击只能让我们更为坚定，更加全力以赴，为最终的胜利而战。

1940年9月18日

首相致内政大臣：

敌人试图用磁雷和其他设备尽可能炸毁我们的门窗玻璃，而冬季又即将来临。考虑到我们的住宅多在白天补光，在这种情况下，我们必须立即回到较为原始的状态。每家每户都应有玻璃，而且我们还要想方设法增加玻璃的供给量。我们应鼓励甚至强制每一个人都将窗户上的玻璃减少到现有的四分之一，剩下的留作备用。所有的窗户都应铺上胶合板或纤维板，这可能最为方便，而将剩下的门窗玻璃保存起来，用以替换破碎的玻璃。在空袭目标集中的地区，越快采用这种方法越好。请召集相关部门进行商讨，达成决议，最大规模地采取强制行动，请让我助你们一臂之力，共同克服困难。

1940年9月18日

首相致内政大臣：

关于这个问题，我昨晚给了你一份备忘录，希望你此刻能研究一下。

迄今为止，共毁坏了多少平方米的玻璃？能做出估计吗？当然，如果我们的玻璃月生产量大于损坏量，那就无须担心了。

请上交尽可能精确的报告。

1940年9月19日

首相致邮政大臣：

在空袭期间，邮政局的服务让许多人甚为不满。请就你的工作内容向我提交一份报告。

1940 年 9 月 19 日

首相致帝国总参谋长：

据我所知，从印度过来的印度旅都由一个英国营和三个印度营组成，这种编制很正规，也很合适。但这封电报好像是说印度旅中只有印度的部队，没有英国营。若情况属实，那中东总司令提出的改革就势在必行了。

1940 年 9 月 21 日

首相致第一海务大臣及军需署署长：

中东地区、北海和英吉利海峡的海军弹药消耗情况如何？请将在供应环节中出现的任何困难悉数告诉我。弹药这件事你已经解决了吗？请以短函告知。

1940 年 9 月 21 日

首相致空军大臣：

请看一下今天早上发布的空军公报，其中包括以下内容：

“敌方编队被我方战斗机拦截，但在多云的天气，空战难以进行。从目前收到的报告来看，四架敌机被击落，我方损失战斗机七架，但其中三架战斗机的驾驶员安然无恙。”

我方损失七架战斗机，而敌军只损失四架，如果仅仅因为这样就让德国人觉得他们的新战术实施得很成功，那就不好了。

当然，我们现在正值战况大好之际，用不着刻意隐瞒我们的损失，但也不必让他们知道。

1940 年 9 月 21 日

首相致伊斯梅将军：

请做好全面安排，确保这些来福枪能以最快速度从美国运达。这些枪支至少应分四艘快船运送。能否将其中一部分用定期客轮运载？请你告诉我海军部的打算。另外，务必确保购委会（采购委员会）方面不会发生如美国斯特朗将军所说的因重新装箱而造成延误的情况。

1940 年 9 月 22 日

前海军人员致罗斯福总统：

我已让洛西恩勋爵向你说明我们的其他紧急任务。正因为我们有二十五万训练有素的正规军，我们才迫切需要那二十五万支来福枪。如果你能安排发放一些必需的枪支，我将不胜感激。我们会安排好一切，以最快的速度将枪支运来。这样一来，我们便能将国民自卫军手中的二十五万支零点三零三英寸口径的来福枪移交给正规军，而国民自卫军则可以配备八十万支美国枪。尽管弹药所剩无几，但这些枪支也是有用的，我们可以使用已经运送过来的库存弹药。

1940 年 9 月 22 日

首相致戴高乐将军：

各方面都要求卡特鲁将军前往叙利亚。因此，我以你的名义请他前往。当然，他能有现在的地位，离不开你的提携，大家都心知肚明。而且我会再次向他说明这一点。在紧急情况下，有时会来不及向上级解释，就自作主张。如果你想阻止他的话，现在还来得及。不过，我认为你去阻止他的话，也不太合理。

预祝你明天早上的行动一切顺利。

1940 年 9 月 22 日

首相致军需大臣：

我认为，G. L装置[①]的生产是重中之重，而且我们应该采取一切措施加快生产。我知道，当前主要的难题是缺少熟练工人，希望能尽可能解决这个问题。要抓紧时间。

1940 年 9 月 23 日

（限即日行动）

首相致陆军大臣及帝国总参谋长：

报告内容大致如此，这里采用的措施同样也适用于苏丹。苏丹现在所急需的军队与大炮已安置在了肯尼亚。

针对你们所说的肯尼亚作战中战略前线过长的问题，我认为：如果我们背靠蒙巴萨到湖边的那条铁路，那我们相当于有了一条侧面交通线，这条线是通往我军防区最具优势的路线。而且通过这条路线，我们可以向敌人发起进攻的地点运送援军，这样我军的作战实力就会显著增强。尽管没有人能够肯定敌人会从哪里发起进攻，但我深信，只要部署合理，肯尼亚的军队就能发挥出最大的作用，从而增援苏丹。

为了解决这些问题，我认为必须阻止将山炮部队从亚丁调往肯尼亚，而应考虑将它或其他炮兵部队调往苏丹。请提交一份报告给我，就肯尼亚所有部队的给养、来福枪、机关枪和炮兵实力进行说明。

1940 年 9 月 23 日

首相致“丘吉尔”号驱逐舰舰长：

你的舰艇将以伟大的马尔巴罗公爵的名字命名，对此，我感到很高兴。我现将他的亲笔信送给你，你可以悬挂在舰上的军官室以祝大家好运。非常感谢你的友好来信。

1940 年 9 月 25 日

---

① 控制高射炮的雷达装置。

首相致外交大臣：

我同意洛西恩勋爵乘飞机归国的提议。请你批准，并做出最为便利恰当的安排。

1940 年 9 月 25 日

首相致伊斯梅将军，转参谋长委员会：

如果这些情况（敌人使用盲目波束导向轰炸）属实，那将给我们带来致命的危险，这也算是一个重大的危机。希望参谋长委员会利用他们一切可以调用的资源解决此事，并于明晚就以下内容提交一份报告：

1. 该危机的实况；
2. 防御的措施。

在商讨行动计划时，请参谋长委员会尽管放心，他们可以优先使用一切资源。

1940 年 9 月 26 日

首相致内政大臣：

贝文先生正在提倡使用一种用混合物制成的防空帽，我觉得这至关重要。如果这种帽子能有效保护人民不受坠落碎片等物体的伤害，那就肯定要大量生产，全面发放。

请于今日就试验情况向我提交一份报告，并同军需大臣一起将生产预算告诉我。

1940 年 9 月 26 日

首相致劳工大臣：

我很满意你生产出来的帽子。在钢盔还没有生产出来之前，我们应该大量生产这种帽子，并尽快发放。今天，我在报纸上看到有些人把它称为“破布帽”，我觉得这是不合适的。我希望你能想出更好的名字。

我已要求内政大臣提交一份全面的报告。

1940 年 9 月 26 日

首相致空军大臣及空军参谋长：

飞机供应对比弗布鲁克勋爵来说至关重要，而他在布里斯托尔、南安普敦和其他地方又遭受了敌军的严重轰炸，所以，我真诚地希望你们能确保全面、及时地满足他在备用物资方面的需求。

1940 年 9 月 26 日

首相致农业大臣：

有人建议，到中秋时，我们应将生猪减少至当前数量的三分之一。对此，我甚为不满。这当然不是内阁的意见。你们为什么不要求进口更多的饲料呢？那样，我们在权衡之后，就可以减少其他物资的输入，并多进口饲料。同时，大量宰杀生猪，又将导致市场上出现大量的咸肉，你对此有什么安排。通过鼓励私人用日常的剩饭剩菜喂猪，这样能增加多少生猪数量？

1940 年 9 月 26 日

首相致军需大臣：

一些重要的军需品，尤其是德·王尔德弹药，都是集中在一个工厂生产的。但在最近的一次空袭中，这个工厂被击中，从而导致我们的弹药生产量大幅度减少。请提交一份报告给我，对各种至关重要的军需品分配情况进行说明。这样一来，我们就能对生产锐减的风险进行评估，并可考虑如何分散这一风险。

1940 年 9 月 28 日

首相致伊斯梅将军，转参谋长委员会：

第一，这两份关于化学战的物资供应的文件让我倍感焦虑。我明白，自 1939 年 10 月 13 日——几乎刚好是一年前——战时内阁下达命

令后，兰德尔工厂一直以来都全力生产。可现在它为什么不继续这么做了？这件事是谁负责的？

第二，事实上，无论是针对空中作战还是地面作战，你们似乎没有准备制造释放各种毒气的投射弹或容器。显然，即使现在制订计划，那也要几个月后才能有成果。请就这一问题立即向我做出报告。我们应该优先考虑这个问题。我认为此事有很大的风险。

第三，必须探讨一下我们对德国平民采取报复行动的可能性，范围尽量扩大。我们绝对不会主动发起进攻，但肯定会反攻。此时速度是至关重要的。

第四，我们应尽快采取措施，使兰德尔工厂全面恢复生产，尤其是要将储存的物资分发下去。

现有存货到底有多少？

1940 年 9 月 28 日

首相致伊斯梅将军：

这些关于战争第一年高射炮火的数据令人振奋不已。不过，你应该请派尔将军将 9 月份的数据送过来。

有关 9 月份每天发射的弹药数目，我想尽快见到一份统计表。

1940 年 9 月 29 日

（限即日行动）

首相致军需大臣及贸易大臣：

为了节省运输矿石的吨位，我们应该加大从美国购买钢材的力度。另外，我还想再另购几百万吨不同成色的钢材。这样一来，我们就能恢复“安德森”式家庭防空掩体的修建计划，而且还能满足其他方面对钢材的迫切需求。如有必要，我将致电美国总统。

1940 年 9 月 30 日